Harold Sharp

Auch Tiere überleben den Tod

Orginaltitel: Animals in the Spirit World

ISBN 3-923781-52-0

1. Auflage 1988
2. Auflage 1991
3. Auflage 1997
4. Auflage 2002
5. Auflage 2006

Aus dem Englischen übersetzt von Kerstin Deus, Berlin
Umschlagsgestaltung: Josephine Maag
Illustrationen: Margit Philippi
Druck: Finidr, s.r.o. Cessky Tesin

Verlag »Die Silberschnur« GmbH · Steinstraße 1 · D-56593 Güllesheim

www.silberschnur.de
e-mail: info@silberschnur.de

Auch Tiere überleben den Tod

Das jenseitige Tierreich

Harold Sharp

SILBERSCHNUR

VORWORT

Versuchen Sie einmal, sich eine Welt ohne Tiere vorzustellen, eine Welt also, in der der schimmernde Glanz eines schönen Vogels nicht existiert, in der kein treuer Hund anhänglich zu seines Herrchens Füßen sitzt, in der man kein neugeborenes Lämmchen sieht, das an einem warmen Frühlingsmorgen fröhlich auf einem neuentdeckten Flecken herumspringt, in der kein Kätzchen ausgelassen mit einem Wollknäuel spielt. Für mich ist das undenkbar und inkonsequent.

Noch unverständlicher ist, daß es Leute gibt, die zwar das Weiterleben von Menschen nach dem Tode akzeptieren, dasjenige der Tiere jedoch nicht, welche sie in törichter und arroganter Weise als stumpfsinnig oder als unsere "minderwertigen Brüder" bezeichnen. Es kann bei der Mehrzahl der Kreaturen sicher nicht von Stumpfsinn die Rede sein, noch sehe ich irgendwelche Gründe, die Tiere spirituell unter den Menschen einzustufen. Es ist doch der Mensch, der so oft vergißt, daß auch er ein Tier ist, welches so viel Verwüstung, Zerstörung und sinnloses Leid auf Erden anrichtet.

Obgleich Tiere nicht verbal mit Menschen kommunizieren können und in eine wortlose Welt eingeschlossen sind, gibt es doch unzählige Beweise ihrer Hingabe und ihres Mutes bei Gefahren. Ebenso verhält es sich mit ihrer unentwegten Treue. Jeder, der durch den Besitz eines Haustieres ausgezeichnet ist - und das ist sicher eine Auszeichnung -, kann von der Liebe, Treue und Anhänglichkeit berichten, die ihm von seinem Schützling entgegengebracht wird.

Ich glaube, wie unzählige andere auf der Welt, daß das Leben Geist ist und der Geist Leben. Jedes Geschöpf, das sich bewegt, das lebt und auf dieser Erde atmet, tut dies, weil es von einer geistigen Kraft aktiviert wird, die durch nichts, auch nicht durch den sogenannten Tod, ausgelöscht werden kann. Es ist dieser Lebensfunke des Geistes, der das Weiterleben aller empfindenden Geschöpfe nach ihrem physischen Tod ermöglicht, und zwar ganz unabhängig davon, wie gering ihre Intelligenz oder wie niedrig sie nach menschlichen Begriffen auch sein mögen.

Das Leben und auch der Tod wären nichts weiter als ein Schwindel, würde Gott oder sonst eine Lebenskraft dem Menschen zwar ein Weiterleben in geistigen Dimensionen ermöglichen, aber den Tieren nicht. Die Gefühle und besonderen Eigenheiten, die zahlreiche Tiere erkennen lassen, übertreffen oft die der sogenannten zivilisierten und fortschrittlichen Menschen.

Harold Sharps Buch wurde vor etlichen Jahren geschrieben, doch es hat im Verlauf der Zeit nichts von seinem Reiz oder von seiner Gültigkeit verloren. Wie dieses Medium zeigt, gibt es genügend Beweise, daß Tiere - und besonders Haustiere - den physischen Tod überleben und ähnlich wie ihre Besitzer in ein Reich übergehen, in dem sich grenzenlose Möglichkeiten für alle öffnen. Ich hoffe, daß Sie, nachdem Sie sein Büchlein gelesen haben, sich darüber klar geworden sind, daß der Löwe und das Lamm in der geistigen Welt wirklich in vollkommenem Frieden und in Harmonie nebeneinander liegen.

Tony Ortzen
Verleger und Herausgeber
der PSYCHIC NEWS

TIERE IN DER GEISTIGEN WELT

Ich besuchte eine alte, behinderte Frau namens Sarah Chester, die seit einigen Jahren bettlägrig war, und wir sprachen über das Leben nach dem Tod und dessen völlige Selbstverständlichkeit.

"Wissen Sie", sagte sie, "ich konnte mich niemals mit der gewöhnlichen Vorstellung vom Himmel anfreunden, goldene Teppiche, Perlentore und Harfen überall, das schien mir immer weit hergeholt. Wenn ich drüben nur meinen alten Jumbo haben kann, bin ich vollkommen zufrieden." Jumbo war ein treuer alter Schäferhund, der ihr während der sechs Jahre ihrer Lähmung ein beständiger und liebevoller Begleiter gewesen war. Sie mochte Jumbo, und ich bin sicher, daß der Hund ihr die gleiche Zuneigung entgegenbrachte. Als der Hund in hohem Alter starb, bedeutete dies den Auftakt ihres eigenen Hinscheidens.

Einige Zeit später hatte ich eine spiritistische Sitzung mit Frau Neville, die damals ein bekanntes Londoner Medium war. Sie sagte u.a.: "Da ist eine Frau, sie ist ungefähr 60 Jahre alt. Sie sagt" Chester". Wahrscheinlich ist das ihr Name oder der Name der Stadt, in der sie lebt. Sie hat einen großen, zottigen Hund bei sich, den sie Jumbo nennt. Sie trägt ein Wollkleid und geht gerade mit ihrem Hund spazieren. Beide strotzen nur so vor Lebenskraft."

Welch wunderbare Freude! Mit ziemlicher Sicherheit war es meine alte Bekannte mit ihrem Begleiter. Wie recht hat doch die Heilige Schrift, wenn sie die andere Welt als schmerzfreies Reich beschreibt, in dem Kummer und Sorge unbekannt sind. Sarah Chesters Lähmung gehörte der Vergangenheit an, war nichts weiter als eine Erinnerung an nicht gerade schöne Tage auf Erden. Auch die Steifheit des alten Jumbo war vergessen.

Als ich diese Geschichte neulich einem Glaubensfernen erzählte, schien er höchst belustigt. "Großer Gott, was für ein Unsinn!" sagte er. "Sie glauben doch bestimmt nicht, daß tote Menschen oder gar Tiere weiterleben!" - "Doch", entgegnete ich, "genau das ist der Fall." Seine ruppige Antwort darauf war: "Mein Gott, wo sollen die denn alle Platz haben?"

Es ist doch recht erstaunlich, wie der Mensch in seiner unreifen Vorstellung die Unbegrenztheit der geistigen Welten begrenzt. Wenn er nur für einen Moment innehalten und nachdenken würde, begänne er zu begreifen, daß unser Weltall mit seiner riesigen

Ausdehnung im Vergleich zu der grenzenlosen geistigen Welt wahrhaft winzig ist.

Denken Sie einen Augenblick einmal selbst darüber nach, und erlauben Sie mir, für einen kurzen Moment abzuschweifen. Ich las, daß sich der neue automatische Satellit Zond II, den sie Sowjets hochschossen, um zu beweisen, daß sich das Weltall in unglaublicher Geschwindigkeit ausdehnt, schon mehr als drei Millionen Meilen von der Erde entfernt hatte. Er rast immer noch weiter ins Universum, doch seine Signale mit detaillierter Information erreichen nach wie vor fehlerfrei die Erde. Eine wirklich erstaunliche Leistung! Sie wurde durch die Fähigkeiten des Menschen erreicht. Doch wenn vom *Menschen* geschaffene Instrumente so wundervoll arbeiten können, ist es denn dann nicht mehr als wahrscheinlich, daß Gottes "Instrumente" nicht noch viel Erstaunlicheres zu leisten vermögen? Die spirituellen Kräfte des Menschen, mit denen er senden, empfangen und Botschaften festhalten kann, sind etwas Wunderbares. Auf diese Weise vermag er sogar die ewigen Ebenen der jenseitigen Reiche aufzusuchen und den Erdenmenschen Erleichterung und Erleuchtung zu bescheren.

"Es gibt mehr Dinge im Himmel und auf Erden, Horatio, als Du Dir in Deiner Philosophie erträumst", sagte Shakespeare. Wie recht er hatte!

Jedes Lebewesen hat eine Aura von magnetischer

Kraft oder Energie, die von ihm ausstrahlt. Obwohl sie normalerweise dem physischen Auge verborgen ist, offenbart die Aura doch viel. So weist die Aura eines Tierliebhabers beispielsweise ein organgenes Strahlenfeld auf. Diese Strahlen wirken besonders beruhigend auf Tiere. Sie rufen Vertrauen hervor und ziehen Tiere an in gleicher Weise, wie ein Magnet Eisen anzieht. Angst wiederum färbt die Aura tiefbraun, was bei den Tieren Verwirrung verursacht, sie wütend macht und oft das Verlangen weckt, anzugreifen.

Da es für keine Lebensform so etwas wie "Tod" gibt, werden Ihre Tiere ganz gewiß genauso weiterleben wie Ihre menschlichen Freunde. Es wird nur die äußere Hülle abgelegt und beerdigt. Wenn Ihre orangefarbige Strahlung je Freude und das Gefühl von Anziehungskraft bei einem anderen Lebewesen hervorgerufen hat, während es noch im irdischen Körper war, so können Sie gewiß sein, daß Ihre Strahlen Ihr geliebtes Tier auch dann noch an Ihre Seite ziehen, wenn es ein weit aktiveres und angstfreieres Leben als auf Erden führt. Es wird Ihnen so nahe sein wie zu seinen Lebzeiten.

Bestimmte Medien können tatsächlich sehen, wie dies vor sich geht. So wie ihr körperliches Auge die materiellen Dinge rundherum wahrnimmt, vermag ihr geistiges Auge feinere Schwingungen aus jenem geistigen Reich aufzunehmen, das von Dichtern "Himmel" genannt wird.

Ich wurde mir dieser paranomalen Fähigkeit im Alter von sieben Jahren zum ersten Male bewußt. Ein alter Mönch saß häufig im Sessel neben meinem Bett, anscheinend tief in Gedanken oder in Meditation versunken. Ich fühlte mich in seiner Gegenwart immer wohl und glücklich. Soweit ich mich entsinne, sprach er während dieser nächtlichen Besuche nie zu mir. Gelegentlich, aber seltener als der Mönch, kam auch ein Chorknabe und sang. Mein kleiner Pekinese Myrtle, den mein Vater wegen einer bösartigen, schmerzhaften Geschwulst erschießen mußte, kam nach seinem ''Tode'' oft zu mir, sprang auf mein Bett und schmiegte sich an mich, wie er es immer getan hatte.

Weil dieses geistige Geschenk ein so natürliches war, schien es mir immer völlig normal, doch meine Eltern, die keine paranomalen Fähigkeiten hatten, waren sehr besorgt, wenn ich diese Dinge erwähnte, denn sie hielten sie wohl für abartig. Mit Spiritualisten kam ich erst im Alter von siebzehn Jahren in Kontakt, als ich nach London zog. Dort erlangte ich Gewißheit über die wichtigste und weitreichendste Tatsache der Welt: die Unzerstörbarkeit des Lebens.

Meine Erlebnisse mit dem Mönch und anderen waren nur zu erklären, weil ein Teil von mir - eben jener für Übersinnliches empfängliche - die Einwirkung anderer Lebewesen aus einer anderen Sphäre und von einer anderen Wellenlänge empfing. Das unzerstörbare Leben dieser Wesen geht vollkommen natürlich weiter, jedoch in Geistkörpern, da ihr irdischer Leib längst begraben ist.

Ich wurde darum gebeten, Ihnen von Tieren, auch von Vögeln, denen ich begegnet bin, zu berichten, die jenseits des Todes in dem unendlichen, geistigen Reich Gottes leben, welches nur Hellsichtige wahrzunehmen vermögen. Wenn Sie geliebte oder Ihnen vertraute Tiere verloren haben, dann möchte ich Ihnen bewußt machen, daß jene immer noch leben. Sie befinden sich glücklich und sorgenfrei in einer wundervollen Welt. Sie sollten auch wissen, daß es jedesmal, wenn Sie über Ihre Freunde sprechen oder an sie denken, so ist, als ob sie durch Ihre orangefarbigen Strahlen gerufen und aufgefordert würden: ''Komm!'' Und sie kommen tatsächlich. Lassen Sie sich nicht traurig von ihnen antreffen, denn das würde sie auch traurig stimmen.

Vor einigen Jahren kam eine liebenswürdige Frau in großer Not wegen einer Sitzung zu mir. Ihre Mutter hatte eine Katze gehabt, die sie innig liebte. Kurz vor ihrem Tod bat sie ihre einzige Tochter, sich um diese zu kümmern. Die Tochter versprach es gerne, doch bald wurde die Katze krank und litt unter solch starken Schmerzen, daß der Tierarzt sich fürs Einschläfern entschied, da es unter diesen Umständen das tierfreundlichste Verhalten gewesen war. Sie willigte widerstrebend ein, doch seit dem Tod des Tieres fühlte sie sich schuldig, das ihrer Mutter gegebene Versprechen gebrochen zu haben.

Mein Geistführer Bruder Peter begann die Sitzung folgendermaßen: ‘‘Ihre Mutter ist hier. Sie versteht Sie vollkommen und ist Ihnen so dankbar, daß sie die Katze Tips dorthin geschickt haben, wo sie keine Schmerzen mehr hat. Als sie sie an ihrem Geburstag bekam, war dies ein herrliches Geschenk. Sie betont, daß dem Tier nun nichts mehr weh tut. Es ist glücklich und voller Leben. Sie ist überaus erfreut, die Katze bei sich zu haben.’’

Die Wirkung auf die Tochter war herrlich. Die nagende Angst, die sich allmählich über alle Maßen ausgebreitet hatte, war völlig verschwunden, und ihre Welt wurde wieder strahlend.

Bevor das ausgezeichnete Materialisationsmedium Jack Webber sich für immer in London niederließ, wohnte er einige Male bei mir in meiner Wohnung in Hampstead und gab dort einige Séancen. Er wußte nicht, wie sehr ich Affen liebte und daß ich in meiner alten Wohnung in der Grafschaft Leicester einige Haustiere gehalten hatte. Mein Liebling war ein blauer Mangabi-Affe, der, obgleich sehr liebenswert, überaus empfindlich und eitel war. Immer trachtete er danach, Aufmerksamkeit und Bewunderung zu erregen. Sein Name war Mickey. Er hätte ‘‘Mickey-Schelm’’ heißen müssen, da er durch seine herrlich ungezogenen Streiche den Hausfrieden störte. Eines Sonntagmorgens rückte er aus, flitzte die Dorfstraße hinunter und rannte, durch den Chorgesang zweifellos angezogen, in die Kirche, sprang auf die Kanzel, wo er eine Kerze erspäht hatte, und weigerte sich zur Entrüstung des Pfarrers zu weichen, bevor er nicht die Kerze aufgefressen hatte. Er betrachtete Kerzen immer als besondere Leckerbissen.

Der Schweiß eines Affen enthält einen ziemlichen Anteil an Salpeter, der auf der Haut kristallisiert. Affen lecken dies leidenschaftlich gern, und bei Langeweile vertreiben sie sich die Zeit damit, in ihrem Fell nach diesen wohlriechenden, salzigen Krümeln zu suchen. Leute, die dies nicht wissen, vermuten, daß die Affen nach Flöhen suchen. Wenn jemand Mickey der Jagd nach Flöhen beschuldigte, fühlte er sich zu tiefst beleidigt und wurde wirklich ärgerlich.

Doch zurück zu Herrn Webber und zu einer seiner Séancen in Hampstead. Reubin, ein Kontrollgeist mit einer besonders angenehmen Stimme, hatte gerade zu singen aufgehört, als ich ein erhebliches Gewicht auf meinen Knien spürte. Black Cloud (Schwarze Wolke), Webbers Geistführer, sagte: "Rühren Sie sich nicht, Herr Sharp. Ein reizender großer Affe materialisiert sich gerade auf Ihrem Knie." Allmählich stellte er sich als Mickey heraus, doch unglücklicherweise rief Black Cloud plötzlich laut aus: "Nein, nein, Mickey, du sollst doch keine Flöhe suchen, wenn Leute zusehen." Da hatte Mickey genug, und er verschwand dorthin, wo ihn - wie ich hoffe - keiner mißverstehen würde.

Bei einer anderen Gelegenheit hatte Webber ein Fußballspiel besucht und kehrte später als gewöhnlich zurück. Die Sitzungsteilnehmer waren schon versammelt und warteten, während sie sich die Zeit mit angeregten Gesprächen vertrieben. Als wir auf die Situation der freilebenden Vögel im Winter zu sprechen kamen, meinte einer der Anwesenden, ich täte nichts Gutes damit, wenn ich täglich einen großen Laib Brot für die Vögel kaufte, während so viele Menschen verhungerten. Als Webber endlich kam und die Séance begann, materialisierte sich eine reizende Amsel mit leuchtendem, orangefarbenem Schnabel und trällerte ein bezauberndes Liedchen. Als sie geendet hatte, sagte Black Cloud: "Sie hat dir ein Danklied im Namen der Vögel gesungen, die du fütterst."

Erst neulich kam eine andere Amsel aus der ''sonnigen Sphäre'' zurück. Über ein Jahr lang hatte eine weibliche Amsel mit nur einem Bein regelmäßig meine Futterstelle besucht. Weil die anderen Amseln sie oft angriffen, nahm ich sie beiseite und fütterte sie alleine, getrennt von den anderen, und paßte auf, daß keiner sie störte. Der Vogel wurde so zahm, daß er mir Käse - seine Lieblingsspeise - aus der Hand fraß und gelegentlich auch ungebeten kam, um in der Küche Krümel aufzupicken. Weil er nur herumhüpfen konnte, nannte ich ihn ''Hoppy'' (''Hüpfer''). Zu jeder beliebigen Tageszeit brauchte ich nur in den Garten zu gehen, ''Hüpfer, Hüpfer!'' zu rufen, und schon kam der Vogel von irgendwo herbeigehüpft. Wie ein Trinker die Öffnungszeiten von

Kneipen kennt, kannte er seine Fütterungszeit um sieben Uhr morgens, zu der er vom Brotlaib fein zerkleinerte Krumen bekam. Wenn ich mich aus irgendeinem Grunde einige Minuten verspätet hatte, klopfte er schon ungeduldig an die Verandatür und rief laut: "Quelp! Quelp! Quelp!"

Eines Tages jedoch am Jahresanfang erschien Hüpfer nicht mehr. Ich rief nach ihm, bekam aber keine Antwort. Immer wieder ging ich in den Garten und rief. Schließlich blieb nur eine Erklärung übrig: eine Katze mußte ihn getötet haben.

Zwei Wochen später ließ ich mein Frühstück stehen, da mein übersinnlicher "Empfangsapparat" das vertraute Zeichen "Quelp, Quelp!" registriert, und in einer herrlich klaren Vision sah ich Hüpfer, der auf der Stuhllehne thronte. Als er auf mich zukam, bemerkte ich, daß er nun zwei Beine hatte. Nur auf der Erde kommen Verkrüppelungen vor, denn im jenseitigen Bereich wirken göttliche Gesetze, in welchem Behinderungen der materiellen Ebene nicht mehr existieren.

Zu Hause waren wir eine Bauernfamilie. Aber da ich es nicht ertragen konnte, daß wir Tiere nur züchteten, um durch das Schlachten wohlhabend zu werden, verließ ich mein Elternhaus und wurde Journalist in London. Ich war mir damals kaum bewußt, welch ein bedeutender Schritt dies war. Eines Tages aber wurde mir dank einer Gruppe von weisen und freundlichen Menschen offenbar, daß sich sogar in London mitten unter diesen Häusern und Straßen zwischen Rauch, Gestank, Hektik, Tränen und Aufregung eine große unsichtbare Tür zu einer wunderbaren unsichtbaren Welt befand - eine Tür, zu der jeder einen unsichtbaren Schlüssel bekommen hat. Wer mit Ausdauer nach ihm sucht, wird ihn sicherlich finden.

Wenn man die Tür geöffnet hat, liegt die gewaltige, zuvor unsichtbar gewesene Welt offen dar - eine Welt voll unvorstellbarem Glanz, eine Welt, in der es keinen Tod gibt. Diese Welt liegt für jeden eigentlich ganz nahe, aber man vermutet sie kaum. Wie dankbar bin ich diesen guten Freunden, die mich dazu ermunterten, den Schlüssel zu suchen. Welche Freude und welche Erkenntnis mir das brachte! Zuerst öffnete ich die Tür aus bloßer Neugier. Dann kam die Zeit des Staunens über all die Herrlichkeit, und schließlich war ich bereit, mich unter die Unsterblichen zu mischen - selbstverständlich nur für kurze Besuche. Sie befähigten mich, die unsichtbare Welt mit ihren wundervollen Gesetzen zu sehen und zu erkennen, daß sie viel herrlicher ist als das materielle Dasein, das so lange unseren Blick verdunkelt.

Als meine Schwester Kitty eine gute Freundin verlor, schien sie untröstlich. Ich überzeugte sie, zu einer Sitzung mit Mary Taylor zu gehen. Mary beschrieb die Freundin mit großer Exaktheit und gab eine Reihe äußerst hilfreicher Botschaften von ihr.

Schließlich sagte das Medium: "Kennen Sie in der geistigen Welt eine Freundin namens Stella?" Meine Schwester ging ihren Freundeskreis durch und antwortete: "Nein, ich glaube nicht." Mary war dann für einen Moment still, dann sagte sie: "Wie gedankenlos von mir, es ist keine Frau, von der die Rede ist, sondern ein Pferd." Meine Schwester sprang beinahe aus ihrem Stuhl, denn wenn meine große Liebe den Affen gilt, so gehört ihre den Pferden. "Aber natürlich", rief sie, "meine Lieblingsstute hieß Stella! Wir gaben ihr diesen Namen wegen eines weißen Sterns auf der Stirn." Meine Schwester hatte dieses Pferd innig geliebt, und ich glaube, von Stella zu hören, erfreute sie ebenso wie Botschaften von ihrer Freundin. Mary erzählte ihr, daß das Pferd ein glückliches Leben auf grünen himmlischen Weiden neben ruhigen Gewässern führe, und wann immer Kitty an Stella denke, würde sie telepathisch angesprochen und käme möglicherweise unsichtbar zu ihr.

Als ich meine Schwester das nächste Mal sah, sagte sie: "Harold, nie werde ich diese Sitzung vergessen! Um keinen Preis hätte ich sie versäumen wollen. Die Vorstellung, daß die gute alte Stella neben mir trabt! Wie herrlich!"

Kurz darauf verließ meine Schwester ihren Körper und ließ ihn kalt und steif auf dem Krankenhausbett zurück. Er wurde neben Bäumen auf einem Friedhof in der Grafschaft Worcestershire begraben, und zu jeder Jahreszeit standen Blumen auf dem Grab. Doch sie selbst ist natürlich nicht dort. Auf ähnlich grünen Wiesen wie diejenigen von Stella, überwachsen von schönen Bäumen, befand sich jetzt ihre geistige Heimat. Im Jenseits wird ein Haus nicht mit Händen erbaut, weder mit Steinen noch mit Mörtel, sondern allein durch die guten Werke, die man auf Erden getan hat. Auf diese Weise hatte auch meine Schwester ihre neue Heimstätte erschaffen.

Ihr Haus ist die Summe der unzählbaren guten Taten, die sie zu Lebzeiten begangen hat. Viele hielten Kitty für zu gutmütig. Jedenfalls bescherte ihr ihre Freundlichkeit reichlich Frieden und Freude. Ihr Haus liegt nicht zu einsam, denn manche ihrer "verstorbenen" Freunde wohnen in ihrer Nähe. Wenn ich eine Sitzung habe, erzählt sie mir oft von diesen Freunden und von all den Katzen, Hunden und anderen Tieren, die einst ihre Freunde auf Erden waren und nun wieder Teil ihrer himmlischen Familie sind. Alle zusammen sind ausgesprochen glücklich. In vielem gleicht es dem Leben auf Erden, nur viel schöner und friedlicher.

Ich habe eine Freundin, die Witwe eines Geistlichen, die als Kind immer auf einer Stute durch die Gegend galoppierte. Die Leute sagten, sie sei im Sattel geboren worden, während die Anhänger der Reinkarnationslehre erklärten, daß sie in einem früheren Leben ein geschickter Reiter gewesen sein müsse. Was auch immer die richtige Erklärung für ihre Erfahrenheit im Sattel sein mochte, auf jeden Fall waren viele Jahre seit ihrer Jugend verstrichen. Dennoch war ihr von Zeit zu Zeit die geistige Nähe ihrer Stute genauso bewußt wie die körperliche Nähe der Bäume neben ihrem Haus. Noch kurz bevor sie den Schlüssel zur unsichtbaren Welt, von der die Rede war, gefunden hatte, konnte sie über die Vorstellung von einem Weiterleben der Tiere nur lachen.

Courtney Thorpe, ein bekannter Schauspieler zur Zeit der Königin Victoria, hielt sich eine Reihe kleiner Hunde, die er innig liebte. Er wurde sehr alt und fürchtete den Tod nicht, doch war er immer besorgt, was mit seinen Hunden nach seinem Tode geschehen würde. Er verfügte, daß eine Summe Geldes unter der Bedingung an eine Freundin gezahlt werde, daß sie seine Hundefamilie "adoptiere". Einige Jahre nach seinem Tod kam eine ältere Frau zu einer Sitzung. Hellsichtig sah ich einen alten Mann umringt von aufgeregten Hunden, die mal um ihn, mal um sie herumsprangen.

Während der Jahre hatten sie nach und nach ihre Adoptivmutter verlassen, um durch die unsichtbare Tür zu ihrem vorigen Besitzer und Freund in die geistige Welt zu gelangen, der schon auf sie wartete. Jetzt sandte er der Pflegerin der Tiere Botschaften tiefster Dankbarkeit. Mir sagte er, daß er, als die Hunde noch lebten, das Haus der Frau nahezu ständig aufsuchte, doch seit sie in die geistige Welt hinübergekommen waren, sei er nur noch selten erschienen.

Wie viele Altäre im Land sind der schmerzensreichen Mutter Gottes gewidmet, doch wie selten findet man einen Altar für die "Freudenreiche". Einen jedoch fand ich, zu dem die Menschen von nah und fern pilgerten, um für die ihnen bescherte Freude zu danken. Ich hielt dies für eine wundervolle Sache. Es erinnerte mich an den einen Aussätzigen, der zurückkam, um sich für seine Heilung zu bedanken. Der erwähnte Altar war mit duftenden Lilien geschmückt, als ich zum erstenmal vor ihm stand. Ich kniete nieder und versuchte, all die Augenblicke der Freude zu zählen, die ich schon erleben durfte, und bedankte mich dafür.

Während ich kniete, kam ein alter Mann mit einem Hundehalsband und einer Leine vorbei und kniete neben mir nieder. Seine Lippen bewegten sich beim Beten. Sein Gesicht strahlte vor Glück. Er kniete lange, und als er sich wieder erhob, verließ ich die Kirche und begann ein Gespräch mit ihm. Warum wohl hatte er voll Dankbarkeit die "freudenreiche Jungfrau Maria" aufgesucht? Er hatte, wie sich herausstellte, viele Jahre lang einen Hund namens Rover besessen. Es schien, als seien sie während jener Zeit förmlich zusammengewachsen, oder als seien sie wie zu zwei ineinander verschlungenen Rosenstöcken geworden. Sie gingen morgens zusammen einkaufen, hielten Mittagsschlaf und gingen abends bei schönem Wetter lange spazieren. Als der alte Mann eines Tages aus dem Mittagsschlaf erwachte und den Hund ansprach, regte dieser sich nicht. Sein Körper lag leblos da.

Das Leben hatte sich aus diesem alten und schwächlichen Leib zurückgezogen. Dies war für den alten Mann ein schwerer Schlag, und er trauerte wochenlang. Zum erstenmal fühlte er sich einsam. Doch dann, einen Tag bevor ich ihn traf, hatte er ein herrlich befreiendes Erlebnis. Er wurde von dem warmen Gefühl aufgeweckt, als würde eine Hundezunge an seiner Hand lecken. Er öffnete die Augen und sah für einen kurzen Augenblick Rover, der wie üblich schwanzwedelnd dastand. Es war zwar nur eine hellsichtige Vision, aber er wußte, daß das Geschaute wahr war und es sich nicht um einen Traum handelte. Es war also kein Streich, den ihm seine Einbildung spielte. "O mein Gott, ich danke Dir für diese

Offenbarung'', sagte er ehrfürchtig, und es war diese Freude, die ihn zum Altar von ''Unserer Freudenreichen'' gehen ließ. Wir fanden ein ruhiges Plätzchen und redeten lange über die Würde des Lebens und die Nichtigkeit des Todes.
Wenn Menschen ihre Heimat verlassen und in eine neue Gegend ziehen, vielleicht weit entfernt, kann dies für die Tiere recht problematisch werden. Sie sind so an die alte Umgebung gewöhnt, bevorzugen gewisse Lieblingswege oder ruhige Plätzchen für den Mittagsschlaf, wo keiner sie stört. Auch haben sie Freundschaften geschlossen, und manchmal, so fürchte ich, haben diejenigen, die sich am meisten schon dem Menschsein nähern, auch ihre Feinde. Oft kehren sie dann zu diesen alten Plätzen zurück. Sie gehen kilometerweit, um zu Plätzen zu gelangen, die sie geliebt und sich zu eigen gemacht haben. Aber sobald neue Menschen dort leben und ihre eigenen Vierbeiner haben, ist der Ankömmling nicht willkommen und wird ausgestoßen.

In unserem alten Dorf gab es zur Freude der Tiere eine alte Dame, deren Haus die Tiere gewiß ''Herberge zum herzlichen Willkommen'' genannt haben würden. Ihr Landhaus stand alleine am Ende eines langen einsamen Weges, der von majestätischen Ulmen und Buchen gesäumt war. Der ummauerte Garten wurde für alle verlorenen, streunenden und einsamen Tiere eine Oase der Liebe in einer gedankenlosen Welt, bewohnt von Hunden, Katzen, einem Papagei, einem Affen und zeitweise sogar von einem

Esel und einer Ziege. Allen wurde ein Zuhause geschaffen. Die Dame liebte alle gleichermaßen, wie eine Mutter ihre Kinder. Sie war eine echte Beschützerin dieser Tiere. Wehe den Jungen, die sie mit Schleudern erwischte, oder dem Mann mit der Hasenfalle! Sie mußte die Gabe besessen haben, ihren Katzen das Vogelfangen abzugewöhnen, denn ihr Garten war förmlich ein gitterfreier Vogelkäfig, in dem es unzählige Nester gab. Sie und ihr Mann waren Vegetarier und schienen beinahe unsterblich zu sein, denn sogar die ältesten Einwohner kannten die Frau schon seit jeher als "die alte Frau Usher".

Eines Tages endlich hörte sie eine himmlische Stimme rufen: "Recht getan, du gute und treue Dienerin, tritt ein zu deiner Belohnung." Eine unsichtbare Türe öffnete sich weit, und sie eilte zu ihrer neuen Heimstätte. Fast bei jeder damals von mir besuchten Séance wurde diese gute alte Seele mit all ihren wunderbaren Tieren von dem jeweiligen Medium beschrieben. Gerne möchte ich Ihnen auch erzählen, wie ich selbst durch die unsichtbare Tür geschritten bin und an der Hand eines weisen Führers das wundervolle Land, das heller als der Tag ist, in Augenschein nehmen durfte. Auch will ich von einigen ehemaligen Freunden berichten, die ich dort traf, und schildern, wie es ihnen ergeht.

Als ich sechs Jahre alt war, hatte ich einen großen schwerfälligen Hund namens Hektor. Er stieß mich oftmals um und versuchte dann, mich an meiner

Jacke wieder hochzuziehen. Wenn er ein Mensch und kein Hund gewesen wäre, wäre er sicher ein Trinker geworden. Nie kannte ich einen Hund mit solch einem Durst. Durch Trinken schien er Kräfte zu sammeln. Er trank aus jedem Eimer, aus jeder Pfütze, sogar das Wasser aus der Pferdetränke und aus tropfenden Hähnen schluckte er. Wenn nichts dergleichen aufzutreiben war, zog er meine Mutter am Rocksaum zur Wasserpumpe.

Hektor war seit zwanzig Jahren "tot". Ich hatte ihn fast vergessen, als er sich eines Abends in einem Kreis im Haus von Glover Botham in Golders Green für alle vollkommen sichtbar materialisierte. In der Mitte des Kreises stand eine blaue Porzellanschale mit Wasser auf dem Boden, um den verschiedenen Erscheinungen zusätzliche Kraft zu verleihen. Der materialisierte Hektor kümmerte sich nicht um die Bestimmung des Wassers, sondern schlürfte geräuschvoll die ganze Schale leer. Dann bellte er lautstark, als wollte er sagen "War das nicht schlau?" Später erfuhren wir, daß dieses Bellen auch von zwei Damen aus der Nachbarwohnung vernommen worden war.

Ungefähr zur gleichen Zeit wohnte ich einer anderen Séance bei, in der sich ein herrlicher, blaugrüner Wellensittich in einem Raum mit starkem, rotem Licht materialisierte. Es waren acht Leute anwesend. Allmählich breitete sich ein blaugrüner Nebel über den Köpfen der Anwesenden aus. Aus diesem Ektoplasma formte sich der Wellensittich. Er drehte ein paar Kreise und ließ sich dann auf den Schultern eines Mannes nieder. Ihm hatte dieser Vogel bis vor zwei Jahren gehört, doch er wurde von einer Katze "getötet". Der Vogel erkannte offensichtlich seinen Besitzer wieder und wandte sich mit klarer Stimme an ihn: "Ich möchte eine Zigarette rauchen." Darüber mußte jeder lachen. Es stellte sich heraus, daß sein Besitzer ein Kettenraucher war und diese Bemerkung so oft geäußert hatte, daß der Wellensittich mit der Zeit diesen Satz nachzusprechen gelernt hatte. Manche Tiere besitzen einen starken "magnetischen Einfluß", so daß einige Medien ihre Hunde oder Katzen zu Séancen mitnehmen, denn sie geben "Kraft", was viel zum Erfolg einer Sitzung beitragen kann. Das könnte sich durchaus so verhalten.

Ich habe eine Freundin, der ein Bauernhof gehört. Sie melkt ihre Kühe im Stall, und dieses Gebäude ist zweifellos voll übersinnlichem Einfluß. Oft erzählte sie mir, daß sie dort mehr Inspiration und schönere Visionen erfahre als an irgendeinem anderen Ort. Ich kann mir das sehr gut vorstellen. In der Hektik des Lebens, die wir uns selbst zuzuschreiben haben, wenn das Herz dröhnt vor Lärm und unsere Sorgen auf jede Hand dunkle Schatten werfen, wenn unbedachte Worte herumschwirren, ist die Atmosphäre zu sehr gestört, um mit einer höheren Sphäre kommunizieren zu können.

Im Kuhstall, umgeben von Kühen, die sie liebt - und

ohne Zweifel lieben die Kühe auch sie - gibt es Frieden, einen Frieden, der über unser Verstehen hinausgeht. Eine solche Atmosphäre scheint wie dazu geschaffen, daß beide Welten sich näherkommen können. Da wird die Melkerin sich der Nähe ihrer Eltern inne, die schon vor langer Zeit in die bessere Welt hinübergegangen sind, und in den Wirrungen des Tages flößt ihr deren Gegenwart Mut ein. Ihre Ratschläge erfüllen ihre Wege mit Licht. Die meisten Leute würden diesen Kuhstall wohl nicht als Heiligtum bezeichnen. Doch zweimal am Tage kommuniziert sie dort mit Engeln und Erzengeln. Das süß duftende Heu ist der Weihrauch, wie vor langer Zeit im Stall zu Bethlehem. Dort wird ihr klar, daß hinter der körperlichen Welt unsichtbare Kräfte wirken. In der Ekstase wird ihr dort die unfaßbare Majestät des Gottes der Natur bewußt, welcher der Vater der Tiere, der Vögel und der Menschen sowie der große Gebende für alle ist. In der spirituellen Freude, die sie in diesem ‘‘Allerheiligsten’’ erfüllt, hätte sie beinahe eine so wunderbare Hymne dichten können, wie man sie in Schweden singt. Darin wird dem Geber aller Gaben Ehrfurcht erwiesen und davor gewarnt, seine Großmut zu vergessen. Meine Übersetzung ist wahrscheinlich unzureichend:

‘‘Ich kann sie gar nicht alle zählen,
Die Beweise von Gottes Großmut,
Die mir zuteil wurden.
Wie Tautropfen am Morgen glänzen sie
Und scheinen so wunderschön wie diese.

Wie die unzähligen Sterne
Haben sie weder Zahl noch Namen,
Doch wie diese scheinen sie immer hell,
Selbst in meinem dunkelsten Tale.
Ich kann sie gar nicht alle zählen,
Und möchte für keines zu danken vergessen,
Welche Wunder an Liebe Er vollbringt
Und welche Liebe Er allen zuteil werden läßt.''

Vor einigen Jahren lernte ich eine ältere Frau kennen, die in ihrer Jugend Nonne werden wollte. Sie trat als Novizin in ein Kloster ein, aber nach drei Jahren hatte sie einen gesundheitlichen Zusammenbruch und kehrte in die Welt der Männer und Frauen zurück. Sie liebte alle Geschöpfe, ob groß oder klein, und über ihre Fürsorge für Mensch und Tier wurden überall Geschichten erzählt. Tatsächlich glich ihr Leben einem Rosenkranz, in dem jede Perle eine gute Tat verkörperte. Ich bin ihr äußerst dankbar, daß sie mich ihr Lieblingsgebet lehrte: ''O unsterbliche Kraft, die Du Dich in so vielen Formen manifestierst, schenke mir die Kraft, alles, was lebt, zu verehren, denn es ist aus Dir entstanden. Hilf mir, daß ich keiner Kreatur Schaden zufüge, denn sie gehört Dir, und Deine Liebe hat sie erschaffen.'' Diese Freundin pflegte zu sagen, daß die Erde eine mystische Arbeitsstätte sei, auf welcher der Mensch Ewiges schaffe, und daß die Liebe, welche Menschen und Tieren geschenkt werde, alles verschönere und sowohl den Gebenden als auch den Nehmenden mit Segen erfülle. Eines Sonntags war ich bei ihr zum Tee. Danach saßen wir auf einer Bank im Garten, wo wir über spirituelle Dinge sprachen und dabei die Zeit vergaßen. Es hatte zu dämmern begonnen. Bäume und Büsche warfen lange Schatten, doch hier und da leuchtete noch die Kapuzinerkresse, und neben dem Tor standen die Malvenstauden wie Wachposten. Manchmal, sogar dort, wo mehrere Leute reden, wird es plötzlich still, und jemand sagt: "Gerade ist ein Engel vorbeigegangen." Eine derartige Stille unterbrach unser Gespräch. Da sahen wir plötzlich einen goldschimmernden Jagdhund, der auf dem Weg zwischen den Rhododendronbüschen auf uns zutrottete, ein herrlicher Hund! "Das ist Nebo", erklärte meine Freundin, "es freut mich, daß Sie ihn gesehen haben. Nicht jeder ist dazu fähig." Er war bereits aus unseren Augen verschwunden, doch waren wir uns beide sicher, daß er noch da war. Nur für einen oder zwei Augenblicke war er sichtbar, doch die Erinnerung an die Vision blieb ganz klar. "Ist das nicht ein Beweis, daß der Tod nur das Tor zum ewigen Leben ist, für Tiere wie für Menschen", sagte meine Freundin, "wie wünschte ich mir, daß alle meine Freunde dies begreifen würden!"

Dann erzählte sie mir, daß einige ihrer schon verschiedenen Freunde von Zeit zu Zeit in ihrem Garten sichtbar werden. Sie war keine Spiritualistin und wäre vermutlich verärgert, wenn jemand sie so genannt hätte. Doch schon als Kind war sie mit medialen Fähigkeiten ausgestattet, und es gab keinen

Zweifel daran, daß ihr Garten in Wirklichkeit der Raum für ihre Séancen war. Sie brachte zu diesem Ort, der so viel Frieden ausstrahlte, die richtigen Voraussetzungen mit. Es war ein Garten voll irdischer Schönheit, aber für sie war es ganz gewiß auch ein beseelter Garten, worin das wunderbare Wirken des Himmels spürbar wurde und wo tiefe spirituelle Offenbarungen sich ereigneten. Schließlich kam ein Tag, an dem die Leute sich in Grüppchen geschwätzig versammelten und über sie sagten: "Sie ist tot." Wie verständnislos! Es war doch nur der Körper, den sie leblos zurückließ. Sie war schon lichtumstrahlt in einer Welt voller Wonne, die von der Erde nur eine Wellenlänge weit entfernt ist. Diese Frau gesellte sich zu ihrem einstigen Freundeskreis und war bei denen, die schon vor ihr die Erde verlassen hatten. Sie können sicher sein: Nebo wedelte ihr mit dem Schwanz ein herzliches Willkommen zu!

Dr. James Tyler Kent, ein sehr weiser Mann, schrieb einst "Wir sind alle durch Traditionen eingeschränkt. In uns liegt die Neigung, das, was wir nicht verstehen, ins Lächerliche zu ziehen." Daran mußte ich denken, als ein Freund starb, der Vögel liebte- wie eigentlich alles, was im Freien lebte. Anstatt den üblichen Grabstein zu errichten, fragte ich den Pfarrer der Gemeinde, ob ich auf dem Grabe eine Vogeltränke aufstellen könne mit der Inschrift: "Alle Dinge, groß und klein, sind geschaffen von Gott allein". Der Pfarrer war sehr entrüstet und sagte ablehnend: "Das würde zu allen möglichen falschen Vorstellungen führen.'' ''Das ist nicht meine Absicht,'' erwiderte ich, ''ich hoffe, daß es zu einer ganzen Menge richtiger Vorstellungen führen könnte, und ich bin sicher, es wäre ganz im Sinne desjenigen, zu dessen Andenken die Vogeltränke aufgestellt würde.'' Aber der strenggläubige Pfarrer dachte, daß Tiere keine Seelen hätten und der Himmel daher nicht an ihnen interessiert sei. Darüber hinaus würde es ''unwissende'' Menschen auf den Gedanken bringen, daß Tiere in Gottes Augen ebensoviel gelten könnten wie Menschen.

Einige Jahre später ''starb'' dieser Pfarrer, und ich dachte daran, wie überraschend es für ihn gewesen sein muß, zu entdecken, daß der Satz ''Kein Sperling fällt vom Dach, ohne daß der himmlische Vater es weiß'' kein bedeutungsloser Spruch ist. Wie schockiert muß er gewesen sein, herauszufinden, dort nicht nur Sperlinge, sondern auch Hunde, Esel und alle anderen Tiere lebendig vorzufinden. Wenn man der Überlieferung glauben kann, war der arme Adam gewiß nicht zu beneiden, ihnen allen Namen geben zu müssen!

Im Hinblick auf die Sperlinge fällt mir noch ein anderes Erlebnis ein. Ich war viele Jahre mit zwei Frauenrechtlerinnen, die in Lancaster Gate zusammenlebten, eng befreundet. Sie waren beide große Tierliebhaberinnen. Einmal fanden sie einen Sperling mit einem gebrochenen Flügel. Mit viel Sorge und mit Hilfe von Holzstöckchen richteten sie den Flügel ein und pflegten den Vogel gesund. Er fraß ihnen aus der Hand und wurde so zahm, daß sie ihn nicht dazu bewegen konnten, sie zu verlassen und davonzufliegen.

Die Frauen nannten ihn Spadgey, und er schien recht zufrieden mit einem Wohnzimmer als "Käfig" zu sein. Des Nachts wählte er eine Nische in einem Kaminüberbau aus geschnitztem Eichenholz, in der er friedlich bis zum Morgen schlief. Obgleich die Fenster tagsüber offenstanden, versuchte er niemals, wegzufliegen. Gelegentlich sprang er auf das äußere Fensterbrett, schaute sich um und dachte zweifellos, daß es dort draußen für einen Sperling, der etwas von sich hält, viel zu laut und zu hektisch zuginge. Er fühlte sich ja viel wohler im Wohnzimmer.

Manchmal, vor allem, wenn er sich im Spiegel sah, pfiff er sehr laut, doch für gewöhnlich zwitscherte er nur leise vor sich hin, als ob er Selbstgespräche führen würde. Die Damen liebten ihn. Von Zeit zu Zeit ließ er sich auf ihren Schultern nieder und trällerte ganz sanft, als würde er ihnen ein großes Geheimnis anvertrauen. Meine Freundinnen antworteten dann: "Wirklich?" und "So ist das also", und dies ermunterte ihn, in seinem "Thema" fortzuzwitschern, wobei er vielmals weise nickte und den Kopf schüttelte.

Es war sehr vergnüglich, und ich bin sicher, daß Spadgey genausoviel Spaß hatte wie die anderen. Drei Jahre später entdeckten die Frauen, daß er ohne ersichtlichen Grund seinen gefiederten Körper und seine ihn liebenden irdischen Freunde verlassen hatte. Er war in den Himmel der Sperlinge, in unsichtbare Sphären also, hinübergewechselt. O, wie vermißten wir ihn! Er wurde regelmäßig bei Séancen gesehen, und seitdem die beiden guten Frauen, die ihn gesund gepflegt hatten, auch in die geistige Welt hinübergegangen waren, sind sie oft mit ihm zurückgekommen. Ich habe sie selbst gesehen, ebenso wie einige andere Medien.

Vor einiger Zeit kam eine Witwe zu einer Sitzung zu mir. Zu Beginn meldete sich ihr Ehemann und sprach über persönliche Angelegenheiten. Dann fuhr er fort: "Sagen Sie meiner Frau, daß der alte Hund unseres Nachbarn bei mir ist. Das wird sie sehr freuen." Ich übermittelte dies, und die Frau sagte: "Mehr als zwei Jahre lang war mein Mann sehr krank und litt unter großen Schmerzen. Bei gutem Wetter saß er auf der Wiese in einem Liegestuhl, denn er liebte die frische Luft. Wir hatten keinen Hund, doch die Nachbarn hatten einen, um sich vor Einbrechern zu schützen. Sie fütterten ihn zwar, doch sie gaben ihm keine Liebe. Er war nur ein Gegenstand.

Mein Mann hatte großes Mitleid mit dem Tier, das seine Sympathie zweifellos fühlte. Bald entstand ein Loch in der Hecke, welche die Gärten voneinander trennte. Es wurde immer größer, bis es ausreichte, um den Hund durchschlüpfen zu lassen. Er wurde meinem Mann ein prächtiger Freund. Doch der Nachbar, dem er gehörte, wurde eifersüchtig, weil sein Hund mit meinem Mann in unserem Garten glücklicher war als in seinem, so daß er ihn eines Tages aus Mißmut kurzerhand erschoß. Er hätte nichts Abscheulicheres tun können. Mein Mann weinte wie ein unglückliches Kind. Ich habe vorher kein Medium besucht, und es ist wunderbar, daß mein Mann nun "seinen" Hund bei sich hat. Es macht mich so glücklich, dies zu wissen, und ich bin sicher, die beiden sind es auch."

Manchmal äußert sich die von der Menschheit so wenig verstandene Medialität plötzlich in einer Person, die vorher noch keine derartigen Erlebnisse hatte und die es vermutlich nicht geglaubt hätte, wenn jemand von solchen Erfahrungen berichtet hätte. In unserem Dorf lebt ein alter Mann, der vor vielen Jahren unter Kitchener in Khartum (Sudan) gekämpft hatte. Die Geschichten über seine Erlebnisse waren äußerst zahlreich. Die Dorfjungen liebten es, in seiner Küche zu sitzen und ihm zu lauschen. "Erzählen Sie uns noch mehr", baten sie, und ich bin sicher, daß sie mit der Zeit die gleichen Geschichten immer wieder gehört haben, doch das tat dem keinen Abbruch. Es half, die Abende zu füllen, und der alte Mann hatte die Gabe, erstaunlich gut zu erzählen. Er besaß eine Hündin, deren wirklichen Namen ich nie erfuhr. Er nannte sie immer nur "meine Alte". "Mach bitte die Tür auf, Harold, meine Alte will rein", und so fort.

Ich lebte schon einige Jahre in London, als ich Lust auf Heimatluft verspürte. Also machte ich mich auf, um in meinem alten Dorf meinen Urlaub zu verbringen, und natürlich auch, um diesen alten Soldaten zu sehen. "Ich höre, Sie beschäftigen sich jetzt mit dem Spiritualismus", sagte er. "Ja, es ist eine sehr interessante Sache", antwortete ich ihm. "Dann stört es Sie hoffentlich nicht, wenn ich Ihnen jetzt etwas erzähle, - etwas, das ich sonst niemandem hier zu erzählen wage. Wenn ich das täte, hielte man mich sicher reif für die Klapsmühle." Und dann berichtete er mir folgendes:

"Einmal war ich den ganzen Morgen auf dem Feld und pflanzte Kartoffeln. Um die Mittagszeit ging ich in mein Landhaus, um ein Eintopfgericht aufzuwärmen, und da ich Rückenschmerzen hatte, legte ich mich auf die Couch, bis mein Essen warm geworden wäre. Plötzlich schien es, als würde die Küchenwand völlig verschwinden. An ihrer Stelle sah ich ein großes, offenes Fenster, durch das ein wundervoller, sattgrüner Rasen zu sehen war. Darauf stand ein runder Tisch mit einer hübschen Häkeldecke als Tischtuch. Um ihn herum standen einige Stühle. Mein Vater, meine Mutter und meine Tante saßen auf drei von ihnen, und meine 'Alte' - Sie erinnern sich sicher an meine Hündin, die ich besaß, als ich hierherzog, und die nun schon seit einigen Jahren tot ist - lag zu Füßen meiner Mutter. Da hörte ich meine Mutter zu meinem Vater sagen: 'Ich frage mich, ob Tom eine stürmische Überfahrt hat.' Sie sprach von meinem Bruder Tom in Irland.

Kaum hatte sie zu sprechen aufgehört, nahte sich unser Tom in seinem charakteristischen Gang, begrüßte alle, und meine 'Alte' sprang um ihn herum, als ob sie froh wäre, ihn willkommen zu heißen. Tom hatte mir die Hündin übergeben, bevor er nach Dublin gegangen war. Natürlich war ich sehr erstaunt über all dies, doch schon im nächsten Augenblick sah ich die Küchenwand wieder, und der Rasen mit der Familie war verschwunden. Zwei Tage später hörte ich, daß Tom während des Mittagessens einen Schlaganfall gehabt hatte und gestorben war, bevor er das Bewußtsein wieder erlangt hatte. Alle auf dem Rasen, einschließlich meiner 'Alten', waren tot.

Deshalb denke ich, daß an Ihrem Spiritualismus etwas dran sein muß, aber verlieren Sie um Gottes willen kein Wort darüber im Dorf. Sie kennen ja die Leute.''

Der alte Mann ist inzwischen auch hinübergegangen. Er hat sich so selbstverständlich zu seiner Familie auf den Rasen gesellt, wie Tom es tat, und ich bin sicher, daß die ''Alte'' glücklich war, ihn wiederzusehen. Auf seine rauhe Weise hatte er sie sehr gern. Zu seiner Beerdigung brachten die Jungen des Dorfes schlichte Blumensträuße aus ihren Gärten. Aber er war nicht dort, denn der Sarg enthielt bloß den Körper, den er verlassen hatte. Ich muß hierbei an die Frau aus der Bibel denken, die köstliche Gewürze zum Grab trug, doch ER, für den sie gedacht waren, wandelte bereits in seiner geistigen Gestalt im taufrischen Garten.

Einmal verbrachte ich meinen Urlaub in einem Landhaus, dem ein goldbraunes Kornfeld gegenüberlag, das reich mit wildem, scharlachrotem Mohn übersät war. Zur anderen Seite hin lag es direkt an einer Straße ohne Bürgersteig. Die Straße grenzte also direkt an die Türschwelle. Ein reicher Ausgleich dafür war die Rückseite mit einem großen Garten, in dem auch Apfelbäume wuchsen. Auf einer Steintafel in diesem Garten war eine schlichte Inschrift eingeritzt: ''Unsere Nell''. Es stellte sich heraus, daß die Bewohner vor Jahren hier eine herrenlose Hündin ohne Halsband gefunden hatten. Sie versuchten ohne Erfolg, den Eigentümer ausfindig zu machen, und so gehörte Nell zu ihnen.

"Diese Hündin war ohne jeden Fehler", erzählte mir mein Gastgeber immer wieder. Ihre größte Freude waren Sonntagsspaziergänge, bei denen sie mit ihrem Herrchen über die Felder, durch die Wälder und auf einsamen Wegen lief. "Sie kannte die Sonntage so gut wie den Weg zu ihrer Hundehütte", sagte er. Während der Woche hatte er wenig Zeit für Spaziergänge, aber egal, ob es regnete oder die Sonne schien: der Sonntag war Nells Tag. Sie kannte jedes Kaninchenloch und die Verstecke, in denen Ratten hausten. Manchmal spitzte sie die Ohren, wenn sie weit entfernt einen Hund bellen hörte, doch sie war nie in Raufereien oder Kämpfe verwickelt. Selten wagte sie sich alleine auf die Hauptstraße, doch eines Tages, an ihrem letzten auf Erden, trottete sie auf der Straße, als ein Auto heranraste. Sie war auf der Stelle tot.

Nun ist Nell glücklich auf den Feldern und Wiesen des Himmels und fragt sich, wann wohl ihr Herrchen heimkommt, um sie auf ihren Wegen zu begleiten. Nur ihr Körper ist im Obstgarten begraben. Aber wenn man im Landhaus von ihr redet, spitzt sie die Ohren, springt herbei und sitzt bei ihren Leuten, folgsam wie eh und je, doch natürlich unsichtbar für sie. Während sie von ihr erzählten, sah ich sie zum ersten Mal. Was für ein herrliches Geschöpf! Ich berichtete ihnen von Nells Anwesenheit, aber vermutlich glaubten sie mir nicht ganz. Doch wenn sie eines Tages auch dorthin gehen, wo sie ist, werden sie begreifen, daß das Leben unsterblich ist. Jeder Teil des Lebens gehört zur Unendlichkeit des Reiches Gottes. Pater Adderley aus Birmingham bezeichnete einst den Menschen als "schmutzigen Goldsucher". Nun, wenn solche Widerlinge überleben, wieso dann nicht auch Nell? Und wenn Nell, warum dann nicht auch das liebe Geschöpf, das Sie selbst vielleicht verloren haben?

Nancy Cunard hatte als Kind ein hübsches kleines Shetlandpony. Sie liebte es sehr und sprach mit ihm, wie sie auch mit Ihnen oder mit mir gesprochen hätte. Wie es den Anschein hatte, kann man wohl sagen, daß das Tier jedes Wort verstand. Nancys Eltern waren viel zu beschäftigt, um ihr große Aufmerksamkeit zu schenken. So wurde sie von einer strengen und, nach Nancys Urteil, leicht sadistischen Gouvernante aufgezogen. Wann immer Nancy entkommen konnte, lief sie in den Stall zu ihrem Pony. Ihm klagte sie ihr Leid, und ihm berichtete sie auch von den seltenen Freuden. In der Bibel heißt es: "Freue dich mit den Frohen, und weine mit den Trauernden." Es sah wirklich so aus, als würde sich das Pony genau so verhalten. Jedenfalls glaubte Nancy dies und war zu Tode betrübt, als ihr Pony starb. Sie spürte, daß sie tatsächlich einen Freund verloren hatte.

Für uns alle ist dieses Leben auf Erden wohl eine

eigenartige Mischung von Rätseln, die sich nicht so leicht lösen lassen. Oft müssen wir lange im Dunkeln herumtasten, bevor wir zum Licht gelangen. Der Weg, den wir einschlagen, führt nicht immer zu dem Ziel, das wir ansteuern. Doch mit jeder Erfahrung bilden wir unsere Persönlichkeit. Erst wenn das Ende der Reise naht, erkennen wir beim Zurückblicken auf unserem Zickzack-Kurs ein Muster, und dort, wo unser Denken innehält, dämmert es uns, daß sich jenseits dieser Welt der Verwirrung ein Tor zu einem anderen Reich befindet, in dem "alles zu wissen" gleichbedeutend ist mit "alles zu verzeihen".

Nancy starb am Ende eines abenteuerlichen Lebens. Schon nach ein paar Tagen erschien sie in meinem Séancezimmer und erzählte mir ihr erstes Erlebnis in der feinstofflichen Welt. Schon beim Eintreten sah sie Bert, der früher jahrelang Stallbursche war. Zur Begrüßung hatte er ihr geliebtes Shetlandpony mitgebracht. Nancy hatte früher nie ganz begriffen, in welch hohem Maße "die Liebe Gottes" menschliche Maßstäbe übersteigt. Denn es war **ER**, der das Jenseits schuf, und sein ganzes Werk ist vollkommen. Wenn wir jedoch unsere Zivilisation betrachten, könnten wir so lange an dieser Wahrheit zweifeln, bis wir erkennen, daß wir und nicht **ER** unsere heutige Welt größtenteils gegen seinen Willen zu dem gemacht haben, was sie ist.

In der Kirche des "Guten Hirten" in London -

welch ein schöner Name! - wurde jeden Monat ein Gottesdienst zur Heilung kranker Tiere gefeiert, den ich regelmäßig besuchte und dabei erstaunliche Erfolge sah. Alle Arten von Tieren wurden mitgebracht. Eines Sonntags hatte ein junger Zigeuner seinen zahmen Raben dabei. Da ich mein ganzes Leben an der oft mißverstandenen Lebensweise der Zigeuner interessiert und ebenso von den Raben fasziniert war, sprach ich den Jungen nach dem Gottesdienst an. Er hatte "Jacko" schon seit zwei Jahren, und der Vogel flog selten außer Sichtweite. Doch irgendwann verschwand er. Der Junge suchte lange nach ihm, jedoch ohne Erfolg. Eines Tages aber hinkte der Rabe mit einem gebrochenen Bein herbei. Möglicherweise war er in eine Falle geraten, oder sein Bein konnte sich in einer Schlinge verfangen haben.

Der Zigeuner versorgte das Bein, so gut er konnte, indem er etwas Komfreiwurzel auflegte und mit Pflaster verband. Doch da er von den Heil-Gottesdiensten in der Kirche "der Gute Hirte" gehört hatte, ging er den ganzen langen Weg von Maidenhead dorthin, gut ausgerüstet mit Hoffnung, die vielleicht dem Glauben am nächsten steht. "Du kannst nie wissen", sagte er zu seinem Freund, "ich habe so oft 'gütiger Gott' gesagt, wenn ich mich elend fühlte, und vielleicht habe ich genau das Richtige gesagt, ohne es zu wissen. Jedenfalls möchte ich jetzt nichts unversucht lassen." Nun bin ich sehr froh darüber, Ihnen mitteilen zu können, daß das Vogelbein geheilt wurde.

Ich blieb einige Jahre mit dem Zigeunerjungen in Verbindung, und manchmal kam er mit Jacko, um mich zu besuchen. Der Vogel liebte alles, was hell war und glitzerte, und hatte er etwas Derartiges gefunden, versteckte er es sofort unter einem Buch, einer Untertasse oder im Freien unter einem Blatt oder einem Stein. Sechs-Penny-Stücke waren seine große Leidenschaft, denn er konnte leicht damit umgehen und sie im Schnabel herumtragen. Er sah äußerst putzig aus. Wenn Jacko ein sicheres Versteck gefunden hatte, brachte er den Gegenstand verschmitzt aus unserer Sicht und drehte sich dann um, als wolle er herausfordernd sagen: "Wage ja nicht, es anzurühren." Wenn man dann so tat, als wolle man die Münze aus dem Versteck holen, flatterte er wild mit ausgebreiteten Flügeln und aufgerissenem Schnabel umher und krächzte alle möglichen Vogel-Schimpfworte. Doch das war alles Theater und gehörte zum Spiel. Unter Umständen hielt er aber eine Stunde lang Wache bei seinen Schätzen. Sie gehörten ihm, und er wollte sie mit niemandem teilen. Drei oder vier weitere Jahre vergingen, und aus dem Zigeunerjungen wurde ein stattlicher junger Mann. Eines Tages, als er vorbeikam, fragte ich ihn, wie es Jacko ginge. "Ach, der arme Jacko wurde erschossen", antwortete er. "Irgendein Landwirt, der nicht wußte, daß es ein zahmer Vogel war, dachte, er sei auf sein Korn aus, und schoß ihn mausetot." Er sagte es traurig, vermischt mit einer Spur von Fatalismus.

"Du weißt doch", meinte ich, "er ist nicht mausetot. Jacko führt ein sehr schönes Leben in einer Welt, in der die Bauern keine Gewehre tragen. Eines Tages wirst du dir dessen bewußt.'' Wir tranken Tee und unterhielten uns, was für uns ein kleines, bewegliches Fest ist und was, egal, ob zu früher oder später Stunde, immer zur Geselligkeit beiträgt. Der Zigeuner fragte, was mich zu der Ansicht brächte, daß Jacko noch am Leben sei. Deshalb erzählte ich ihm einiges von dem, was ich Ihnen berichtet habe. Vielleicht habe ich ihn nicht recht überzeugen können, denn ich bin sicher, daß man die persönliche Erfahrung braucht, diesbezüglich völlige Gewißheit zu erlangen. ''Du hast doch die Kraft des Geistes in der Kirche 'Der Gute Hirte' erfahren'', bemerkte ich. ''Es ist die gleiche geistige Kraft, die das ganze Universum - das sichtbare wie das unsichtbare - in Bewegung hält. Die Lebenskraft ist in allem Lebendigen, und sie gehorcht, soweit ich sagen kann, einer von außen kommenden Kraft. Jacko war der Name, den du jenem Teil des Lebens gegeben hat, das sich in dem gefiederten Körper manifestierte. Dieser Körper zerfällt, wie der des Menschen. Aber das Leben selbst wird sich daraus befreien.

Es kann nicht sterben, denn das Leben ist unvergänglich. Das Lebewesen mit Namen Jacko kann nicht zerstört werden, nur die Hülle, die es umgab. Auch dein Leben kann nicht zerstört werden, obwohl dein Leib eines Tages eingeäschert oder begraben wird. Du wirst in einer viel schöneren Welt als dieser hier weiterleben, und vielleicht wird dich

Jacko zu deinem Erstaunen hocherfreut begrüßen."
Wir redeten oder vielleicht sollte ich besser sagen, ich redete. Er war ein guter Zuhörer. Verblüfft, doch mit großem Vertrauen zu mir, nahm er so viel an, wie ihm möglich war. Später werde ich Ihnen hoffentlich berichten können, daß ihm, ohne abenteuerlichen Gedanken anzuhängen, gänzlich bewußt war, wie unendlich das Leben und wie vergänglich unsere Zeit auf Erden ist. Das geschah jedoch erst, als er das Tor zu Gottes himmlischem Garten selbst durchschritten hatte. Bevor ich Ihnen erzähle, wie es ihm dort erging, möchte ich Ihnen erst einen anderen Vorfall mit einem anderen Tier, einer kleinen Katze, schildern. So oft habe ich den Anfang dieser Geschichte erzählt, aber nicht das Ende.

Meine Schwester hatte eine pechschwarze Katze. Ich glaube, sie liebte diese mehr als ihre drei anderen Katzen. Doch eines Tages war sie verschwunden. Auch nachts kam sie nicht zurück. Meine Schwester wurde beinahe wahnsinnig, als sie nach fast einer Woche noch immer nichts in Erfahrung gebracht hatte. Telefonisch gab sie eine Anzeige in der Zeitung auf, welche die Katze genau beschrieb, ihre Größe, die Farbe, ihren Namen, das besonders breite Gesicht usw. Von überall kamen Briefe, jeder schien die Katze gefunden zu haben. Meine Schwester eilte hierhin und dorthin. Zuletzt landete sie gar in einem Fischladen. Eine herumstreunende Katze war vor einigen Tagen dorthingekommen und hatte begonnen, den Laden mit dem Fischgeruch als ihr Zuhause zu betrachten. Doch der Inhaber, ein tüchtiger Geschäftsmann, wollte keine Katze mit durchfüttern. ''Nein, das ist nicht meine Katze'', sagte meine Schwester. ''Nun, dann muß ich sie wohl ertränken'', war seine Antwort. Vermutlich ahnte er ihre Reaktion. ''O, das können Sie nicht tun!'' rief sie aus, ''so ein hübsches kleines Ding! Es wäre ein Verbrechen, das Tierchen zu ertränken''. Sie stritten eine Weile, bis meine Schwester sagte: ''Tja, ich denke, meine Pussy ist tot - ich nehme also dieses Kätzchen als Ersatz.'' Meine Schwester nahm es nach Hause, fütterte es gut, und es wurde eine reizende Katze. Eines Tages spielte sie im Garten mit den anderen Katzen auf einer Bank. ''O, sie sind so drollig'', sagte meine Schwester, holte rasch ihre Kamera und machte Schnappschüsse. Als der Film entwickelt war, hatte sich der Kopf des vermißten Tommy zu Blackie gesellt, so daß es aussah, als hätte Blackie zwei Köpfe. Es ist ein hervorragendes paranormales Foto, von einem Amateur bei hellem Tageslicht aufgenommen. Ohne jeden Zweifel hebt sich Tommys breites Katzengesicht vom normaler geformten und schwärzeren von Blackie ab.

Und noch eine Katzengeschichte: Vor vielen Jahren, als ich gerade begann, mich mit dem Spiritualismus zu befassen, besuchte ich jeden Samstagabend ein Haus in Golders Green, in dem vier oder fünf von uns regelmäßig bei einer sogenannten Tischsitzung um einen runden Tisch saßen. Willie Baldwin, der

Sohn des Hausbesitzers, war derjenige aus der geistigen Welt, der am meisten mit uns kommunizierte. Er konnte Botschaften entschlüsseln und klar und deutlich übermitteln. Eines Abends kam gegen Ende der Sitzung die Nachricht: "Sag Harold, er soll ein Wesen aus der Todesgefahr retten. Auch das Kleine spielt im Schicksalsverlauf eine wichtige Rolle." Wir wußten nicht, was das zu bedeuten hatte, und obwohl wir nachfragten, erhielten wir keine Antwort, da sich die übermittelnde Kraft schon entfernt hatte.

Als die Séance vorüber war, bewirtete uns unsere Gastgeberin wie üblich mit Tee und Gebäck, und wir hatten einen geselligen Abend. Als wir aufbrachen, um in unser jeweiliges Haus zurückzukehren, tobte draußen ein Schneesturm. Auf der Türschwelle saß ganz verloren eine winzige Katze. Ich erkannte sie sofort als die Katze wieder, zu der ich oft gesprochen hatte, wenn sie auf ihrem Gartentor in der Nähe meines Hauses saß, das ungefähr drei Kilometer von hier entfernt lag. "Das ist des Rätsels Lösung", sagte ich, "hier ist die bedrohte Kreatur, die wir retten sollten", und schon steckte ich die Katze, so bequem wie irgend möglich, unter meinen Mantel. Als ich an der richtigen Tür anlangte, klingelte ich, und sofort erschien ein Mann im Schlafanzug, um zu öffnen. "Das hier muß Ihre Katze sein", sagte ich. "Ich fand sie in Golders Green." Der Mann war begierig zu erfahren, woher ich sie kannte und an welcher Stelle ich sie gefunden hatte. Ich berichtete ihm von der Sitzung und der Botschaft. Er bat mich herein, drehte die elektrische Heizung auf, und wir redeten bis in den frühen Morgen. Seine Geschichte war recht traurig. Innerhalb kurzer Zeit waren erst seine Frau, dann seine Mutter und jetzt auch noch sein Sohn verschieden. Er war allein zurückgeblieben. Seit Tagen war sogar die Katze verschwunden. Als ich ihm von der Séance erzählte, sagte er: "Ich weiß nichts über Spiritualismus, doch ich brauche etwas, das mir wieder ein wenig Mut zum Leben gibt. Wäre es möglich, daß ich auch zu so einer Séance kommen könnte? Kurz darauf war Helen Duncan an der Reihe, um eine Séance in Golders Green abzuhalten. Ich nahm den armen Mann, ein Bild des Elends, mit mir, doch am Ende des Abends sagte er: "Lassen Sie uns bitte zu Fuß nach Hause gehen, sofern Sie nichts dagegen haben. Ich brauche etwas frische Luft. Ich bin sprachlos und kann es gar nicht fassen. Der Abend war überwältigend." Sein Sohn hatte sich materialisiert, hatte ihn geküßt und Botschaften von seiner Frau und seiner Mutter übermittelt, die versprachen, sich demnächst auch zu materialisieren. Aufgrund dieser Erfahrung an einem einzigen kurzen Abend hätte er in sein Tagebuch schreiben können: "Von der Traurigkeit zum Glück." In der Tat spielte die kleine Katze für sein Schicksal eine wichtige Rolle. Mit der Zeit entdeckte der Mann seine eigenen medialen Fähigkeiten, und unter der Anleitung eines erfahrenen Mediums wurde es ihm möglich, seine Empfangsantennen zu entwickeln. Einmal pro Woche suchte er Kontakt zur geistigen Welt und erhielt Botschaften. Für ihn war das eine heilige Stunde mit seinen Lieben. Wie anders sah sein Leben fortan aus!

Oft behaupten unwissende Menschen, es sei falsch, mit der geistigen Welt zu kommunizieren. Mit Gewißheit aber ist Gott der Urheber aller Gesetze. Wenn es ein Gesetz gibt, nach welchem beide Welten miteinander in Kontakt treten können, dann ist **ER** es, der das ermöglicht. Da Gott die Weisheit selbst ist, kann er dieses Gesetz nur zum Gebrauch geschaffen haben. Gott wäre sicherlich nicht die höchste Weisheit, würde er sagen: "Ich habe ein Gesetz geschaffen, aber um Gottes willen wendet es nicht an!" Es ist ein Gesetz, das dem Trauernden ermöglicht, sich von seiner Trauer zu befreien. Denn er hat Trost gefunden und durfte erkennen, daß die Liebe den "Tod" überdauert.

Während einiger Jahre war ich bei der Spiritualistenvereinigung Großbritanniens am Belgrave-Platz in London mit Heilaufgaben betraut. Im allgemeinen kamen natürlich kranke Menschen, doch hin und wieder hatten wir auch kranke Tiere in unserer Klinik. Sie sprachen auf die Heilkraft genausogut an wie die Menschen. Ich erinnere mich insbesondere an einen Hund, der epileptische Anfälle hatte. ''Fassen Sie ihn nicht an'', sagte sein Besitzer, ''er mag keine Fremden.'' Wie Sie sehen, wußte der Besitzer nicht wie wir über die orangefarbige Strahlung Bescheid. Greifen Sie niemals nach einem Hund oder machen eine rasche Bewegung, bevor er Zeit hatte, Ihre Strahlung zu spüren. Dann aber können Sie ohne Angst die Innenseite Ihrer Hand ihm entgegenstrecken. Vielleicht haben Sie den Eindruck, als würde er an Ihren Fingern schnuppern. Mehr als das! Seine Nase ist ein hoch sensibles Organ. Sie ''interpretiert'' Sie. Sobald der Hund Sie auf diese Weise abgeschätzt und herausgefunden hat, daß Ihre Absichten gut sind, können Sie ihn berühren. Ich verhielt mich genau so, und die heilenden Strahlen bewirkten ein übriges. Der Hund wurde einige Wochen lang zur Behandlung gebracht, wodurch nicht nur die Anfälle verschwanden, sondern ebenso das nervöse Schnappen, das dem Besitzer oft jene Angst eingejagt hatte, daß er beißen würde.

Ich weiß noch, wie ein Landwirt mich zu seiner Kuh rief. Sie hatte ein böses Geschwür am Euter und litt große Schmerzen. Wiederholt wurde ich zur Vorsicht ermahnt, da das Tier eine Berührung übelnehmen könnte. Doch Heilstrahlen sind von besonderer Art. Sie verbreiten sich wie ein energiegeladenes Lichtbündel. Obwohl das Heilen gewöhnlich durch Handauflegen geschieht, könnte bei einer besonders heftigen Entzündung schon ein leichtes Berühren große Schmerzen verursachen. In solchen Fällen halte ich meine Hand einige Zentimeter über der Wunde und beobachte, wie die Entzündung zurückgeht. Dies tat ich auch bei der Kuh. Ich redete ruhig mit ihr, um ihr die Angst zu nehmen. Sie war im Stall festgebunden, drehte mir aber ihren Kopf zu und musterte mich von oben bis unten. Ich saß auf dem Melkschemel und hielt meine Hände so, daß sich die Fingerspitzen dicht am Geschwür befanden. Die Kuh stand erfreulich ruhig. Ich blieb in dieser Stellung etwa zwanzig Minuten sitzen. Das Euter war mitsamt dem umgebenden Gewebe schrecklich blau, als ich mit der Behandlung begann, doch nun was alles blaßrot geworden. Ich machte eine Pause, spazierte um das Hofgelände, und nach einigen Stunden wiederholte ich die Behandlung. Weitere Handauflegungen waren mir nicht möglich, da ich am folgenden Tag nach Edinburgh reisen mußte, doch der Farmer berichtete, daß ''die alte Bess noch nie so gut aussah.''

Ich habe die Heilung durch Strahlen für den Fall erwähnt, daß Ihr Haustier Schmerzen leidet und kein Heiler oder Tierarzt aufzutreiben ist. Somit wissen Sie jetzt, was Sie tun können. Strecken Sie Ihre

Hand voller Glauben aus, und die himmlische Kraft wird sich mit Ihrer eigenen vereinigen, um zu segnen und zu heilen. Vor langer Zeit lebte der Sohn eines Zimmermanns, der ein großer Heiler war. Einige seiner Freunde waren erstaunt über die offensichtlich so wunderbaren Heilungen, die er vollbrachte. Er aber entgegnete auf ihre Verwunderung: "Was ich tue, könnt auch ihr vollbringen." Ich bin sicher, daß dies für alle Generationen gilt. Nur wenn die Menschen kein Vertrauen in ihre eigenen Kräfte haben und nicht glauben, daß das Geschenk der Heilkraft generell weitergegeben wurde, fürchten sie sich, sie auszuprobieren. Der Mensch ist mit weit mehr Kräften ausgestattet, als er sich vorzustellen vermag.

Ich habe viel über die geistige Welt gesprochen, doch habe ich sie gesehen? Teile von ihr schon. Die meisten Menschen gehen ins Bett, um zu schlafen, wenn sie müde sind. Wenn ihr Körper und ihr Gehirn sich ausruhen, geschieht es regelmäßig, daß ihr Geist fern von den Begrenzungen des Fleisches Reisen unternimmt. Denn der Geist ist abenteuerlustig und besitzt wunderbare Kräfte. Der ihn umkleidende Geistkörper ist zwar noch durch eine dünne Schnur (Silberschnur) mit dem irdischen Körper verbunden, doch kann er nach eigenem Willen weit entfernt über der Erde oder durch andere Sphären schweben. Das Verlassen des Körpers wird "Astralreisen" genannt, und ich glaube, daß jeder solche von Zeit zu Zeit unternimmt, auch wenn er sich nach dem Aufwachen an nichts mehr erinnert. Dies ist verständlich, denn das Gehirn, das unsere Taten aufzeichnet, schläft, und die phantastischen Erlebnisse während dieser geistigen Flüge werden im allgemeinen von unserem Gedächtnis nicht festgehalten, auch wenn sie gelegentlich recht klar haften bleiben. Ich denke hierbei an den berühmten Autor Sir Arthur Conan Doyle, der über ein Ereignis, das sich während einer solchen Astralreise zutrug, berichtet. Er befand sich zu dieser Zeit weit weg von seinem Zuhause und begegnete einem ihm völlig fremden Mann, der ihm sagte, er sei soeben im Tiefschlaf in Sir Doyles Haus gewesen. Dort habe er Lady Doyle in ihrem Zimmer sitzen und in einem Buch lesen sehen. Er nannte Sir Doyle den Titel des Buches, beschrieb den Umschlag und die genaue Haltung, in der Lady Doyle dasaß. Als der Autor nach Hause kam, fragte er seine Frau, was sie zu der besagten Zeit getan habe, und es verhielt sich tatsächlich alles genau so, wie der Fremde es beschrieben hatte.

Zur gleichen Zeit erzählte mir ein anderer Freund von einer Einladung bei einer religiösen Gemeinschaft in Mirfield in Yorkshire. Er war noch nie in Yorkshire gewesen, doch in der Nacht vor seiner Abreise erwachte er plötzlich mit einem klaren Bild von dem Haus, das er besuchen wollte, sowie von dem Vorsteher der Gemeinde. Als er am nächsten Tag dort anlangte, stellte es sich heraus, daß sowohl das Haus wie auch der Gemeindeleiter genau so aussahen, wie sie ihm von seiner Astralreise her in Erinnerung geblieben waren.

Als ich in Hamstead lebte, trafen wir uns einmal pro Woche bei mir im Freundeskreis. Wir veranstalteten Sitzungen, in denen wir uns darin übten, gemeinsam Astralreisen zu unternehmen und klare Erinnerungen an das mitzubringen, was wir ‘‘außerhalb des Körpers’’, wie der heilige Paulus es nannte, gesehen hatten. Wir waren insgesamt zwölf Teilnehmer und mußten große Geduld aufbringen. Ein ganzes Jahr lang gelang uns nur Bruchstückhaftes. Doch als wir lernten, innerlich einen Zustand völliger Ruhe herzustellen, blieben die Dinge besser und klarer haften.

Anfangs beschränkten sich unsere Reisen meist auf irdische Bereiche. Doch als wir uns weiter verbesserten, wurden wir auch fähig, durch die geistigen Sphären zu reisen. Kein Wunder, daß ein Dichter den Satz prägte: ‘‘Es gibt ein Land, das ist heller als der Tag.’’ Der Kreis traf sich über Jahre, bestehend aus den gleichen zwölf mit immer der gleichen Hingabe. Nur Krankheit hielt machmal jemanden zu Hause. Mit unserem Astralkörper haben wir die Himmel besucht. Geistige Begleiter waren immer mit Rat und Tat an unserer Seite. Man kann im allgemeinen sagen, wir reisten alle gemeinsam los und kehrten gemeinsam zurück. Wir waren vielleicht eine Stunde in dem, was ich nur mit ‘‘Seligkeit’’ wiedergeben kann. Kein Wunder, daß wir keine

Angst vor dem Tod haben, kein Wunder, daß wir sagen, "sie sind nicht tot!",diese Himmelsbewohner. Kein Wunder, daß wir dem Tierfreund sagen können: "Du wirst sehen, daß deine Lieblinge schon auf dich warten." Unsere diesbezüglichen Kenntnisse stammen nicht aus Büchern, denn wir haben alles erlebt und gesehen. Die Einberufung in den Krieg verringerte den Kreis bis auf ein Minimum, und einige der Sitzungsteilnehmer sind nun Bewohner dieser wunderbaren Welten. Wir wenigen, die wir für eine Weile zurückgeblieben sind, führen auch weiterhin Astralreisen durch, während unsere Körper schlafen, und wir kommen mit glücklichen Erinnerungen zurück.

Wie aber sehen diese geistigen Welten aus? Sie erinnern sich, daß ich sagte, alles Leben existiert weiter. Wußten Sie, daß sogar Steine die Lebensessenz mit der gleichen Gewißheit enthalten, wie es bei Ihnen der Fall ist? Beim Reisen sahen wir wundervolle Berge und Wälder, schöne Hügel und Täler, sich windende Bäche und ruhige Ströme, grüne Felder und farbenprächtige Gärten, ähnlich wie ein Reisender sie auf Erden sehen würde, nur noch herrlicher. Solch herrliche Farben und solche Üppigkeit habe ich auf Erden nie gesehen. Nirgendwo anders habe ich so viel Frieden und Glück empfunden. Einmal sagte Bruder Peter: "Komm diesen Weg,ich möchte dich einem alten Freund vorstellen." Er führte mich zu einem Lärchenwald. Der Pfad war mit dickem Moos bedeckt, und auf einer Lichtung stand ein bunter Wohnwagen, auf dessen Treppenstufen mein Zigeunerfreund mit seinem Raben und ein paar Hunden saß, die ich vorher noch nicht gesehen hatte. Wie viel hatte er mir von seinem neuen Leben zu erzählen! Von Tag zu Tag begriff er mehr von dem wundervollen Gesetz, das unser aller Leben regiert. Sein Geistführer trat hervor, ein spanischer Zigeuner, der im Mittelalter auf Erden gelebt hatte. Mein Freund hatte auf Erden nie gewußt, daß ihm bei allen seinen Schwierigkeiten und Sorgen sein Begleiter zur Seite stand, ihn ermutigte und aufrichtete. Der Rabe Jacko erkannte mich offensichtlich wieder, denn er flog auf meine Schultern und krächzte, als wollte er sagen: "Hallo, alter Freund, nett, dich wiederzusehen." Während wir sprachen, kam ein etwa zwölfjähriger Junge mit einem zahmen Kaninchen im Arm vorbei. Er sagte mir, sein Name sei Jim und das Kaninchen heiße Billy. Er und der Zigeuner waren auf Erden Freunde gewesen, und sie hatten einander in diesem Reich ganz natürlich wiedergefunden. Während wir sprachen, erklangen Klavier- und Violinentöne. Ich wandte mich an Bruder Peter und sagte: "Es gibt doch gewiß keine Klaviere im Himmel?" Er lächelte und entgegnete: "Glaubst du immer noch, daß es hier nur Harfen gibt?" Er schlug vor, weiterzugehen, um zu sehen, wer dort spielte. Unser Weg führte durch den Wald, dann an stattlichen Buchen vorbei, bis wir zu einer Lichtung gelangten, an deren Ende sich ein Landhaus erhob. Die Eingangstür stand weit offen, und auf der Wiese war eine Schar von Tieren versammelt. Durch die offene Tür konnten wir sehen, wer musizierte. Es waren Frau Usher und ihr Mann. Wie froh war ich, sie wiederzusehen! Das Klavier und die Violine verstummten, und wir plauderten lange, auch Bruder Peter und die übrigen im Haushalt Anwesenden gesellten sich dazu. Sie waren die guten Seelen, die all die herrenlosen streunenden Tiere in unserem Dorf vor so langer Zeit gerettet hatten. Sie sahen jünger und gesünder aus als je zuvor. Die Tiere, ohne die die Ushers gar nicht vollständig gewesen wären, spielten in völliger Freiheit, nicht einmal ein Gartenzaun hinderte sie. Gerade das fiel mir bei diesen Besuchen im Himmel besonders angenehm auf, daß es keine Begrenzungen, keine Zäune und auch keine Schilder mit der Aufschrift: "Unbefugtes Betreten wird strafrechtlich verfolgt", gab. Man konnte sich in jeder Richtung frei bewegen. Die Bewohner sprachen von "unserer Welt", nicht von "meinem Eigentum". Die Häuser gehörten ihnen zwar, denn sie hatten sie ja dank ihrer irdischen Taten erschaffen, doch schien es kein Besitzdenken und keinen Stolz auf das Eigentum zu geben. Ich bin sicher, daß jeder, der sich irgendwo hingezogen fühlt, in jedermanns Haus wie ein Nachbar herzlich willkommen sein würde. Denn das Gefühl magnetischer Harmonie ist sehr real, und es sieht so aus, als ob man nur diejenigen treffen würde, welche die gleiche Wellenlänge haben.

Auf dem Rückweg sah ich in einem üppig grünen Feld einen alten Schäfer auf einer Wurzel sitzen, den ich kannte, als ich ein Kind war. Sein Hirtenstab lag neben ihm, und er bewachte die Schafherde. ''Was, Sie hüten hier Schafe?'' fragte ich ihn. Er erwiderte: ''Ich könnte niemals ohne meine Schafe glücklich sein. Wir sind zu eng miteinander verbunden'', und ein paar Lämmer blökten, als wollten sie sagen: ''Ja, da hat er recht.''

Aber all dies soll nun nicht heißen, daß bloß Engländer oder nur englische Säugetiere und Vögel überleben. Ich traf auch auf Löwen und Tiger, auf Füchse, Elefanten, Affen und gemächlich einherschreitende Kamele, ja auf tropische Vögel von herrlicher Farbenpracht. In der Tat begegnete ich jeder nur erdenklichen Kreatur. Die Prophezeiung, daß der Löwe einst friedlich neben dem Lamm liegen werde, ist also keine Fabel. In diesem Land ohne Angst schienen zerstörerische Instinkte nicht zu existieren. Menschengruppen, die vorher in weit voneinander entfernten Ländern beheimatet waren, gingen freundlich gemeinsam umher, und die unterschiedlichsten Kinder aller Hautfarben tobten in vergnügten Spielen umher, zu denen sich die wilden Tiere oft hinzugesellten. Ich erinnere mich an eine Dame, die offensichtlich in dieser für sie neuen Welt eben eingetroffen war und aufgeregt ausrief: ''Schau, Elsie, der Löwe hat gerade an meinem Fuß geleckt!''

Bei einer anderen Gelegenheit sah ich einen Mann in einem langen, cremefarbenen Gewand. Ich hielt ihn zuerst für einen Mönch, doch Bruder Peter erzählte mir, er sei ein Lehrer aus einer höheren Sphäre. Er begann, auf einer Art von Freiluftkanzel zu sprechen, und bald hatte sich eine beachtliche Menschenmenge versammelt, um ihm zuzuhören. Es gab keinen Zwang. Man kam, wenn man wollte. Er redete über Hilfeleistung und schloß Hilfe für die Erdbewohner und die Neuankömmlinge, die sich vielleicht noch etwas fremd in einer Welt fühlten, in welcher die irdischen Ideale in die Tat umgesetzt werden, mit ein. Über Hilfe für Vierbeiner und Vögel, besonders für solche, die brutal geschlachtet worden waren und noch immer in panischer Furcht hierherkamen, wurde ebenfalls gesprochen. Es hätte nicht einfacher und anregender sein können. Er sprach ohne Phrasen und ohne besondere Gestik. Seine Worte waren voller Liebe, und mit Liebe lud er die Bewohner ein, andern freudig zu helfen und auch in dieser Welt des Glücks wie einst jener Zimmermann aus Nazareth Gutes zu vollbringen. An einen seiner Aussprüche erinnere ich mich besonders: "Wenn du dienen möchtest, wird deine Kraft, die vielleicht klein sein mag, durch den Einfluß einer mächtigen Kraft vergrößert, so daß auch du erstaunliche Dinge vollbringen kannst." Als er gegangen war, erzählte mir Bruder Peter, daß er auf Erden in Palästina gelebt und in einer Bäckerei gearbeitet habe. Einst war er ausgeschickt worden, um seine Waren an eine Menschenmenge zu verkaufen, die an einem Berghang versammelt war, doch auf dem Weg dorthin kauften ihm so viele Leute Waren ab, daß nur noch wenig davon übrig war, als er bei der Menge anlangte. Aber der Eine, der mit seinen Worten die Menschen beeinflußte, Gott, dem Vater aller Menschen, zu vertrauen, rief ihn zu sich, segnete das Brot im Korb und sagte zu seinen Freunden: "Gebt allen zu essen." Und irgendwie reichte das Brot, von welchem doch fast nichts mehr vorhanden gewesen war, um alle zu sättigen. Glaube, Hilfsbereitschaft und die mächtige Kraft von oben ließen das scheinbar Unmögliche möglich werden.

Ein anderes Mal ging ich mit Bruder Peter zu einem herrlichen Schwimmbecken. Es befand sich noch in ziemlicher Erdennähe, und wenn Menschen oder Tiere in großer Furcht herüberkamen, wurden sie zum Schwimmen ermutigt, denn das Wasser ist derart sanft, daß Erinnerungen an Ängste verfliegen. Das Becken war von Hagedornbüschen in voller Blüte umgeben, und allein schon der Duft beruhigte. Hier auf einer Bank hörten wir viele Geschichten darüber, wie die Angst besiegt wurde. Vier Freunde und ihr Hund waren bei einem Autounfall getötet worden. Der Schrecken war im Moment der Ankunft gewaltig, doch fast schon in dem Augenblick, in dem sie das "Große Tor" durchschritten, wurden sie gefragt: "Wollt ihr ein erfrischendes Bad nehmen? Es wird euch gut tun." Und bald schon war ihr Angstschock verschwunden. Ein anderer junger Mann hatte Selbstmord begangen. Er war von Ängsten gequält worden, daß er alles falsch gemacht hätte, und er hatte seinen einzigen Ausweg darin gesehen, sein Leben zu enden. Nachdem er gebadet hatte, wurde er von einem Weisen beseite genommen. Dieser sprach mit ihm, tröstete ihn und zeigte ihm einen Weg, wie er sich nützlich machen könne. Später, bei einem anderen Besuch in derselben Sphäre, sah ich ihn wieder. Er war jetzt glücklich, denn er hatte eine ausgezeichnete Aufgabe darin gefunden zu lernen, wie er zu anderen ängstlichen und unglücklichen Erdbewohnern Kontakt aufnehmen konnte, die auch an Selbstmord dachten, und wie er sie davon abbringen konnte. Er erzielte dabei großen Erfolg, und dies machte ihn natürlich sehr glücklich.

Ich habe nun einige besondere Tierfreunde und verschiedene Haustiere erwähnt. Doch was wird aus den Millionen von freilebenden Tieren, die nie jemandem gehörten oder von niemandem geliebt wurden? Nun, es gibt eine wundervolle Sphäre, in der sie sich völlig frei bewegen können. Sie sind nicht eingesperrt und könnten sich ungehindert in den Bereich der Männer und Frauen des "großen Weltlebens" gesellen, aber sie lieben die Wildheit ihrer Sphäre, denn dort ist ihre Heimat. Bruder Peter und eine weise Frau, die Tiere immer geliebt hatte, brachten mich dorthin. Obwohl diese Frau gebürtige Engländerin war, hatte sie lange Jahre in Persien gelebt und immer versucht, in anderen Menschen die Liebe zu Tieren zu wecken. Sie hatte hierin reichlich gesät, aber ihre Ernte blieb auf Erden leider gering. Sobald sie jedoch in himmlischen Gefilden ankam, hörte sie eine Stimme rufen: "Willkommen! Komm, du wirst in der Sphäre der Tiere gebraucht." Da fand sie zu ihrem Erstaunen Tiere, die sie aus grausamen Händen gerettet oder für die sie gebetet hatte. Unter diesen befand sich, so unglaublich es scheinen mag, auch jenes kleine braune Eichhörnchen, das sie aus den mörderischen Klauen eines grausamen grauen Eichhörnchens gerettet hatte. "Willst du uns helfen, die wilden Tiere glücklich zu machen?" fragte man sie, und keine Aufgabe hätte ihr größere Freude bereiten können. Was für ein herrlicher Ausflug war das! "Vögel und Vierbeiner und Insekten so schön", den ganzen Weg entlang, Bäume und Büsche, Gräser und Moose aller Art, von schottischen Kiefern zu tropischen Palmen, Sumpfgebiete, Dickicht und sonnige Lichtungen, Seen, Flüsse und Wasserfälle, welche die Luft mit Musik erklingen ließen. Unsere Führerin hieß Laura. "Welche Tiere magst du am liebsten?" fragte sie mich. "Affen", gab ich ihr zur Antwort. "Warte einen Moment", sagte sie. Wir blieben stehen.

Laura rief nicht hörbar, sondern sie konzentrierte sich, und nach kurzer Zeit waren wir von Affen umgeben. Sie waren freundlich und selbstverständlich voller Neugier. Laura konzentrierte sich erneut, und ein alter erfahrener Kapuzineraffe sprang behend auf meine Schulter. Dann nahm ein Gibbon Bruder Peter bei der Hand, und so gingen wir weiter. Die Unterhaltung mit den Tieren verlief mittels Gedankenkraft. Lauras Gedanken wurden von ihnen empfangen, und sie gehorchten. Auf die Frage, ob sie auf die gleiche Weise andere Tiere herbeirufen könne, sagte sie: ''Sicherlich, welche soll ich rufen?'' Ich bat um einen Elefanten und ein Kamel. Schon schritt ein Elefant mit samtweichem Fell auf uns zu, und hinter ihm trottete ein nettes altes Kamel. Keine Last war auf seinem Rücken; es war freier als jeder Erdenbewohner.

''Komm und schaue dir die Tiere in ihrer eigenen Sphäre an'', sagte Laura. ''Ich möchte sie nicht gern von dort herbeirufen, denn sie kommen und gehen, wie es ihnen beliebt. Ich rufe nur die, welche in der äußeren Zone umherwandern.'' Wir stiegen auf einen Hügel und blickten auf ein sonnenbeschienenes Tal, auf große und kleine Wälder und auf einen breiten Fluß. Er zog sich schier endlos hin. Während wir uns miteinander unterhielten, stiegen wir ins Tal hinab. Wahrlich, es war ein Tal des Friedens mit liebenswerten Geschöpfen. Viele von ihnen hatten auf Erden den Menschen zu fürchten und für seine Grausamkeiten zu hassen gelernt. Einige waren zu Tode gejagt, andere in Eisenfallen gefangen worden. Doch hier herrschte Frieden. Nur diejenigen Menschen, die Liebe, Mitgefühl, Anteilnahme und Barmherzigkeit ausstrahlten, wurden in dieses Tal zugelassen. Dort sahen wir Rehe, Tiger, Kaninchen, Wölfe, Füchse, Dachse, Löwen, Affen, Eichhörnchen, Feldmäuse, Pferde, Ponies und viele Tiere mehr. Wir bewegten uns zwischen ihnen, und wegen unserer Ausstrahlung war keines ängstlich. ''Hier können sie wirklich natürlich leben'', sagte Laura. ''Sie können wachen oder schlafen, sich bewegen oder ausruhen ganz, wie es ihnen gefällt. Dies ist ihr Himmel. Es sind die einst sogenannten wilden Tiere. Doch hättest du Lust, dorthin zu gehen, wo diejenigen Haustiere leben, die schon vor ihren Besitzern in dieses glückliche Land gekommen sind?''

Laura sandte wiederum ihre Gedanken aus, und sofort kamen zwei junge Männer daher. Sie schienen zu wissen, was wir wollten. ''Komm bitte diesen Weg'', sagte der ältere. ''Ich sehe, du bist ein Tierliebhaber.'' ''Woher weißt du das?'' fragte ich. ''Du trägst die Farben der Tierfreunde'', antwortete er lächelnd. ''Wir wissen sehr viel über einen Menschen, sobald wir seine Aura sehen können.'' Der jüngere Mann eilte voraus zu einer baumumrandeten Lichtung und rief leise. Zu meiner Überraschung kamen zwei frühere Mitglieder unseres Séancekreises herbei, beide große Tierfreunde. Wie sie mich willkommen hießen! ''Wie herrlich ist das! Wir leben hier unter den Tieren und geben ihnen Liebe und Pflege, bis ihre Besitzer von der Erde zu uns kommen.''

Dann entdeckte ich, daß Tiere, die auf Erden sehr geliebt worden sind, hier Menschen an sich ziehen, die sie lieben und denen sie Liebe geben können, bis sich ihre früheren Besitzer einfinden. Diese Zone sah eher wie eine englische Landschaft aus, mit ihren typischen Feldern und Häusern, und all die Häuser wurden von Tierfreunden bewohnt. Sie waren genau am richtigen Ort. Ihre Aufgabe war es, mitfühlend zu sein, und genau das waren sie mit ganzem Herzen. Auch diese Zone erstreckte sich meilenweit. Auf den Feldern und Wegen balgten sich Leute mit Hunden, und in den Häusern liebkosten sie Katzen oder sprachen mit Vögeln, die keine Käfige brauchten, da sie vor der Liebe nicht wegfliegen.

Der Skeptiker könnte jetzt sagen: "Was für ein Himmel!" Meine Entgegnung darauf lautet: "Ist er schlechter als ein Thronsaal mit Harfenmusik? Es ist ein guter Himmel. Er wurde geplant wie alles andere - von Ihm, dessen Liebe größer ist, als wir es uns vorzustellen vermögen, und dessen Herz so überaus gütig ist." Als ich einmal einem kleinen Jungen von den Sphären der Tiere erzählte, so, wie ich es hier tue, sagte er: "Mr. Sharp, Gott hat wohl an alles gedacht, nicht wahr?"

Wir sind wahrhaftig blind! Unsere Sinne und Gedanken haften so sehr an der Oberfläche der Dinge. Wir verschließen unsere Ohren dem Engelsgeflüster und machen aus der göttlichen Wesenheit einen Fremden. In der himmlischen Welt jedoch werden die Augen der Blinden und die Ohren der Tauben geöffnet. "Die ewige Liebe" und "die Harmonie der Sphären" sind keine übertriebenen Phrasen. Glauben Sie nicht, daß der Himmel nur von Tierfreunden, ihren Haustieren und den wilderen Geschöpfen besiedelt ist. Ich habe mich in meiner Darstellung auf diese beschränkt, um die Menschen zu trösten, da sie oft so traurig sind, wenn ihre Tiere sterben und ins Paradies hinübergehen, um dort glücklich zu sein, glücklicher noch, als sie es auf Erden sein konnten. Doch wie Sie haben sie ein Gedächtnis und sind treu. Denn sobald Sie über die Schwelle geschritten sind, werden sie an Ihrer Seite sein. Es ist immer so. Sie werden keine Ausnahme sein. Gott hat an alles gedacht. Etwas von Seinem Wesen ist auch in den Tieren, ebenso wie in Ihnen. Erinnern Sie sich an das Lied, in dem es heißt: *"Allen* gibst Du Leben, groß und klein. *In allem* bist Du als das wahre Leben aller"?

Ich habe bestimmte Worte hervorgehoben, denn ich glaube, das verdeutlicht die Aussage des Verfassers. Wir sagen oft, alle Menschen sind Kinder Gottes, weil **ER** in Ihnen ist. Das ist wahr, doch **ER** ist in allem, was lebt. Niemand außer **IHM** erschuf Leben, und sein Dasein in allem bringt alles Lebendige miteinander in Beziehung. Deshalb auch sind wir unsterblich. Darum lebt und wartet auch Nell, jene Hündin, die auf einer Straße in der Grafschaft Somerset getötet worden war. Sie ist bei liebevollen Menschen glücklich, die für sie sorgen. Doch der große Tag wird kommen, an dem ihr Herrchen und ihr Frauchen bei ihr sein werden, und dann ist die Familie wieder vollständig.

Bis dahin ist sie in guten Händen und schenkt Liebe und Freude, wahrscheinlich ohne zu wissen, daß sie eines Tages noch glücklicher sein wird. Ich erinnere

mich an einen Spaziergang mit Bruder Peter in meinem Zustand außerhalb des Körpers, als wir auf eine Gruppe kleiner Kinder stießen, die singend und spielend auf der Straße herumtollten. Ein deutscher Schäferhund war bei ihnen, groß und kräftig, doch zu den Kindern sanft wie ein Lamm. Als er noch auf der Erde war, hatte ein Junge ihn geärgert, woraufhin er nach ihm geschnappt und an seiner Jacke gezerrt hatte, zweifellos, um ihm eine Lektion zu erteilen. Aber die zuständige Behörde beurteilte ihn als bösartig, und er wurde erschossen. Mit Sicherheit hätte der Junge bestraft werden müssen. Die Frau, welcher der Hund gehörte, weinte und bettelte um das Leben ihres Hundes, doch vergebens. Wenn sie ihn jetzt sehen könnte, würde sie zu trauern aufhören. Natürlich vermißt sie das Tier, und sie weiß auch, daß Unrecht statt Recht gesprochen worden war. Doch der Hund ist so glücklich mit den Kindern und diese mit ihm, dort, wo es weder Ungerechtigkeit noch Dummheit gibt. Eines Tages wird sie wieder bei ihm sein. Wenn ich an diesen Ausflug zurückdenke, kann ich das freudige Bellen dieses Hundes beinahe hören, so stark hat es sich in meiner Erinnerung verankert.

Gestern bekam ich einen Brief von der Witwe eines Geistlichen. Sie schrieb, daß sie sich neulich in ihrem Lieblingssessel ausgeruht habe, mit zwar geschlossenen Augen, aber wach, als sie plötzlich den Kopf ihres verstorbenen Hundes in ihrem Schoß gespürt hätte, und zwar auf jene besondere Art, wie es zu seinen Lebzeiten immer der Fall gewesen sei. Bevor ihr aufging, daß es sich um eine Erscheinung handelte, hatte sie ihn gestreichelt, als sei er aus Fleisch und Blut. Bei einer früheren Gelegenheit wurde ihr verstorbener Mann gesehen, wie er mit dem Hund, einem besonderen irischen Terrier, über das Pfarrgelände ging.

Um Ihnen eine Vorstellung von Astralreisen zu vermitteln, darf ich Ihnen eine Begebenheit erzählen, die nichts mit Tieren zu tun hat. Ich war außerhalb des Körpers unterwegs und wurde von vier Menschen, die mich persönlich kannten, deutlich gesehen, wie ich in Hampstead umherging, während sich mein Körper in Canterbury in Trance befand.

Ich lebte damals in West Hampstead. Meine Hauswirtin hieß Frau Martin. Ihre Tochter war ein Mitglied meines Kreises. Die Familie Martin wohnte im Erdgeschoß des Hauses. Meine Wohnung befand sich unter dem Dach. Fräulein Martin hatte eine Freundin, die in Richmond lebte, eine Frau West. Sie kam regelmäßig zu den Martins zu Besuch, und immer wenn sie da war, sagte sie zu Fräulein Martin: "Bitte doch Herrn Sharp herunter, damit er uns über einige seiner geistigen Erlebnisse berichtet." Am besagten Abend antwortete Fräulein Martin: "Er kann leider nicht herunterkommen, denn er ist heute nach Canterbury gefahren und wird dort bis Dienstag bleiben."

Am Montagmorgen sollte ich in einer Spiritualistenkirche in Canterbury eine Séance veranstalten. Bruder Peter versetzte mich dort in Trance und sprach durch meinen von ihm kontrollierten Körper über eine Stunde lang,um zwölf trauernden Teilnehmern Trost zukommen zu lassen. Es war zu dieser Zeit, während Fräulein Martin in der Küche das Frühstück bereitete, daß Frau West in West Heampstead ausrief: "Mabel, ich dachte du hättest gesagt, Harold Sharp sei übers Wochenende weg. Das stimmt nicht. Er kommt gerade die Treppen von seiner Wohnung herunter und trägt Hut und Umhang." Ihren Ohren nicht trauend, kam Fräulein Martin mit der Pfanne in der Hand zum Fenster und erpähte mich ebenfalls.

Direkt um die Ecke lag ein kleiner Backwarenladen,

in dem ich regelmäßig Kuchen kaufte. Frau Margaret Harrison, die Inhaberin, gehörte ebenfalls meinem Kreis an, demselben, an welchem auch Fräulein Martin teilnahm. Ihre Angestellte im Laden hieß Frau Jelly. Sie war gerade dabei, die Kuchen ins Schaufenster zu stellen, als sie mich auf der anderen Straßenseite vorbeigehen sah und mir zuwinkte. ''Wem winken Sie?'' fragte Frau Harrison. ''Da draußen geht Harold Sharp, und sein Umhang flattert im Wind'', war die Antwort.

''Das kann nicht sein'', sagte Frau Harrison, ''Er hält die Wochenendgottesdienste in Canterbury.'' Mit ihren mehlbestäubten Händen trat sie ans Schaufenster und erblickte mich ebenfalls. ''Dann ist er wohl doch nicht fortgegangen'', meinte sie. Sie hielt dies für die einzige Erklärung. Das ist es, was ich meine, wenn ich von Astralreisen spreche. Vier Menschen, die mich gut kannten, haben mich in der Belsizestraße zur gleichen Zeit gesehen, in der sich zwölf Leute in Canterbury mit mir versammelt hatten, um einen aus dem Jenseits gesandten Geist zu hören, der ihnen durch meine Lippen Worte des Trostes und der Weisheit zukommen ließ, während ich mich in Trance befand.

Ich kann nur vermuten, wieso ich in meinem Geistkörper zu meiner Wohnung zurückkehrte, während mein Körper von Bruder Peter eingenommen wurde. Am Tage bevor ich nach Canterbury abreiste, erhielt ich ein Telegramm vom Edinburgh Psychic College und wurde gefragt, ob ich kurzfristig kommen könne, da der vorgesehene Redner aus Gesundheitsgründen abgesagt habe. Ich telegrafierte zurück, daß ich bis Dienstag terminlich festgelegt sei, und bot an, noch am Dienstagabend zu kommen, sollte man mich dann noch benötigen. Als ich nach Canterbury abreiste, lag noch keine Rückantwort vor, und ich kann mir nur vorstellen, daß mein eigentliches Ich wissen wollte, welche Vorkehrungen ich zu treffen hätte. Ich habe keine Erinnerung daran, in der Belsizestraße gewesen zu sein, aber die vier Personen, die mich gesehen hatten,sind alle vertrauenswürdige Leute. Erst sah mich jemand allein, dann kam eine zweite Person ans Fenster, jeweils aus Neugierde, aber noch ungläubig, und alle vier kannten mich seit Jahren und unterhielten sich regelmäßig mit mir.

Derlei Reisen unternehmen wir alle hin und wieder. Doch es ist am wahrscheinlichsten, daß Sie zu Ihren Lieben in deren geistigen Wohnungen reisen, ihnen von Ihren Sorgen erzählen, sie um ihren Rat fragen und ihre Gesellschaft genießen. Denn es gibt keinen Tod, und der Himmel ist ganz nah. Ohne Zweifel werden Ihre Tiere Sie finden und Ihnen freudig entgegenstürmen. Tiere sind oft sensitiver als Menschen. Sie scheinen diesbezüglich weniger Blockaden zu haben. Niemand sagt ihnen, daß dies böse und unerwünscht sei, weshalb sie ihre Fähigkeiten auch ganz natürlich gebrauchen. Haben Sie noch nie beobachtet, wie Ihr Hund oder Ihre Katze plötzlich auf ein unsichtbares Geschöpf starrte und ihm mit den Augen durch den Raum folgte?

Ich erinnere mich an einen Film, den ich vor vielen Jahren sah und der mit besonderer Genauigkeit die paranomalen Fähigkeiten von Tieren aufzeigte. Ein Mann aus der geistigen Welt, der sah, daß einige Punkte in seinem Testament Unglück anrichteten, kehrte in sein altes Heim zurück, um zu versuchen, die Dinge richtigzustellen. Die besorgte Familie konnte ihn nicht sehen, doch sein treuer alter Hund nahm ihn wahr, bellte fröhlich und rannte zu ihm, so, als wäre sein Herrchen noch in Fleisch und Blut.

Die nicht medialen Menschen verstanden nicht, wieso der Hund derart aufgeregt war. Ich dachte bei mir, was für eine wahre Darstellung einer Alltagsbegebenheit das sei, denn die Ewig-Lebenden sind so häufig bei uns, um uns zu segnen und zu erfreuen, seien jene nun Zweibeiner oder Vierbeiner oder auch solche, die mit ihren Flügeln die Luft zerteilen.

Wenn die unterschiedlichen Lebewesen vom selben liebenden Vater geschaffen wurden wie wir, sollten wir nicht in Liebe und Eintracht mit ihnen leben? Ist nicht Grausamkeit gegen sie genauso unentschuldbar wie gegen Menschen? Ich sehne den Tag herbei, an dem Mitgefühl, Mitleid und Barmherzigkeit die vornehmsten Tugenden der Menschheit sein werden, an dem auch vom Jagen, Fallenstellen, Schießen und Vergiften nur noch gesprochen wird wie von

Geschichten aus einem barbarischen Zeitalter, einem Zeitalter, in welchem der Mensch im Krieg Bomben auf Babies in ihren Wiegen fallen ließ und seine Siegesfahnen auf den Tempeln des Königs der Liebe hißte.

HOCH DROBEN IN EINEM OBSTGARTEN

Es sprach der Sperling zum Rothehlchen:
"Ich wüßte wirklich gerne,
Wieso diese rastlosen Menschen
Sich derart hetzen und so besorgt sind."

Da sprach das Rothkehlchen zum Sperling:
"Mein Freund, ich denke, es liegt daran,
Daß sie keinen solchen Vater im Himmel haben
Wie wir, der für dich und mich sorgt."

NACHWORT

von TRUTZ HARDO

Harold Sharp ist 1981 im Alter von neunzig Jahren in seine geistige Heimat hinübergegangen und sicherlich dort von vielen Menschen und Tieren freundlich empfangen worden. Denn er war einer großen Zahl von Erdenbewohnern nicht nur als berühmtes Medium und Menschenfreund, sondern auch als großer Tierfreund bekannt. Den Tieren galt seine besondere Liebe, und er hielt seine schützende und, wenn nötig, auch seine heilende Hand über sie. Zur Begründung seines überzeugten Vegetariertums hätte er sicherlich ebenso wie sein berühmter Landsmann George Bernhard Shaw antworten können: "Tiere sind meine Freunde. Und meine Freunde esse ich nicht." Diejenigen, die Harold Sharp noch gekannt haben, wissen viel Merkwürdiges aus seinem Leben zu berichten. Als Harold einmal während einer Séance sich in Tieftrance befand, sagte sein durch ihn sprechender Geistführer Khan Chi, daß die Teilnehmer an dieser Sitzung seinem Medium nachher berichten sollten, daß er ihn eines Tages noch an sein Grab in Peking zu führen gedenke. Als Harold, nachdem er aus seiner Trance erwacht war, von der Aussage Khan Chis erfuhr, wollte er der

Möglichkeit einer Erfüllung dieses Versprechens keinen Glauben schenken, war doch ein Besuch in China nicht nur nicht geplant, sondern wohl auch als Tourist in den fünfziger Jahren nicht möglich. Doch 1962 befand sich Harold in Moskau, als er sich plötzlich wegen der Kuba-Krise mit der Tatsache abfinden mußte, daß keine Verkehrsverbindungen von dort nach dem Westen mehr offenstanden. Es blieb ihm nur die Möglichkeit, über den Osten, also über China und Hongkong, nach England zurückzukehren. In Peking angekommen, unternahm er einen Stadtbummel und durchquerte dabei auch einen Friedhof, als er eine inwendige Stimme vernahm: "Dort drüben befindet sich mein Grab." Vor diesem stehend, doch die Schrift der Grabesplatte nicht lesen könnend, gab er einem in der Nähe sich befindenden Einheimischen durch Zeichensprache zu verstehen, ihm den eingemeißelten Namen zu nennen, worauf dieser sagte. "Khan Chi".

Daß die Liebe zwischen Tier und Mensch den "Tod" überdauert und diesen darum als Illusion entlarvt, hat uns Harold Sharps Buch auf vortreffliche Weise gezeigt. Die Liebe, die wir auf Erden aus uns heraus "produzieren", schafft Bindungen zu den geliebten Seelen, ob zu Menschen oder Tieren, die auch im Jenseits - auf höheren Schwingungsebenen also - weiterhin bestehen bleiben. Je mehr Liebe wir zu anderen Seelen auf Erden zur Entfaltung bringen, desto größer wird die Freude eines Wiedersehens mit diesen auf der "anderen Seite" sein.

Das Leben auf Erden ist einer Schule zu vergleichen, in welcher wir vornehmlich im Hauptfach Liebe-Geben unterrichtet werden. Wir werden so lange immer wieder inkarnieren, bis wir im Hauptfach Liebe-Geben sozusagen unser "Abitur" geschafft haben. Denn indem wir Liebe produzieren, erschaffen wir höhere Schwingungen, die allein es bewirken, daß wir immer höher und höher aufsteigen in immer herrlichere Unermeßlichkeiten von Gottes Schöpfung. Gott sehnt sich danach, daß wir unseren Weg zu ihm finden durch die Liebe. Ist er doch als höchste Schwingung zugleich höchste Liebe.

Haustieren wird die günstige Gelegenheit geboten, sich durch ihr Zusammenleben mit den Menschen auf ihre zukünftige erste Inkarnation als Mensch vorbereiten zu können, indem sie dessen Schwingungen in sich aufnehmen und dessen Lebensweise und Umwelt kennenlernen. Je mehr Liebe wir ihnen zukommen lassen, desto eher garantieren wir ihnen einen baldigen Umwandlungsvorgang zu ihrer ersten Menschwerdung. Wir Menschen tragen den Tieren gegenüber also eine große Verantwortung. Je mehr Liebe wir den Tieren schenken, desto nachhaltiger fördern wir ihre seelische Entwicklung.

Doch dies ist nur die eine Perspektive der Mensch-Tier-Beziehung. Die andere bezieht sich auf die Bedeutung, welche die Tiere für die Menschen haben. Für unser Hauptfach Liebe-Geben in dieser Erdenschule dienen sie für uns in besonderer Weise als geeignetes Lehrmittel, um Liebe zu üben, das heißt, diese aus uns zu "schöpfen", also zu kreieren, und sie zugleich anzuwenden. Wenn wir erst einmal begriffen haben, um was es eigentlich geht, werden wir unsere Tiere als wahre Schätze behandeln, die unserer schrittweise sich vollziehenden seelischen Erhöhung wertvollste Hilfsdienste leisten. Gott, als der Inbegriff höchster Liebesfülle, kommen wir nur näher durch die eigene Liebeserhöhung, sprich Schwingungserhöhung. Wer Menschen, Tiere, ja die ganze Natur liebt, nähert sich unaufhaltsam Gott.

Die heutige Welt leidet aus Mangel an wahrer Liebe, weshalb sie in solch eine niedrige, ja lebensbedrohende Allgemeinschwingung geraten ist. Wir alle sind daher aufgerufen, mitzuhelfen, das Liebespotential auf Erden zu erhöhen. Jeder muß bei sich selbst anfangen, muß Liebe schöpferisch aus sich gebären und diese Liebe weiterzugeben versuchen. Unser Umgang mit den Tieren ermöglicht uns die Kreierung und Anwendung von Liebe. Die Vorteile, ein oder mehrere Haustiere zu halten, sind also unübersehbar. Indem wir aber diese Liebe in uns erstehen lassen, werden wir uns ganz von allein auch dort innerlich und vielleicht sogar äußerlich engagieren, wo wir sehen, daß die Liebe zum Tier mit Füßen getreten wird. Zu unserem Bedauern wissen wir, daß der Großteil der Menschheit - anstatt aus einem gesunden Partnerschaftsverhältnis zwischen Mensch und Tier größten Nutzen zu ziehen - die meisten Tiere nur als Fleischproduzenten und nicht als Seelensubstanzen ansieht. Anstatt unsere Schwingungen mit Hilfe der Tiere zu erhöhen, vermindern wir sie, indem wir Tiere zum Verzehr morden, und zwar in einer Stückzahl, wie es in der ganzen Geschichte der Menschheit noch nie vorgekommen ist. Denn der Fleischkonsum in den "zivilisierten" Ländern ist dermaßen gestiegen - und leider immer noch am Steigen -, daß sich die Viehzüchter sogar "moderne" Methoden einfallen lassen müssen, um die Schnelligkeit der Mästungen zu erhöhen, wobei das zu Markte getragene Fleisch durchsetzt ist von Chemikalien, die man den Tieren eingeimpft oder dem Futter beigemischt hatte.

Der heutige verantwortungsbewußte Mensch eines sich anbahnenden neuen Zeitalters versucht veraltete Verhaltens- und Denkstrukturen der langsam zerschmelzenden materialistischen Periode des Fischezeitalters neu zu durchdenken. Er wird hellhörig, wenn er einen Bericht liest,in welchem von den zigtausend Menschen in den Ländern der sogenannten Dritten Welt berichtet wird, die täglich an Hunger sterben, während wir, um ein Kilo Rind- oder Schweinefleisch zu produzieren, sieben Kilo Getreide verfüttern müssen, wobei die für die Fleischherstellung benötigten Kornmengen bei weitem ausgereicht haben würden, alle Menschen der Erde sättigen zu können. Ihm werden auch die Argumente nicht mehr "logisch" erscheinen, die besagen, daß man Fleisch essen müsse, um über ausreichende Kraft und Energie zu verfügen, denn - wie wir wissen - leben selbst einige Spitzensportler fleischlos, und auch die stärksten und kräftigsten Tiere wie die Elefanten, Nashörner und Pferde sind Vegetarier. Hatte man früher das Wort eines Arztes für entscheidend angesehen, wenn er zum Beispiel sagte, daß der menschliche Körper tierisches Eiweis benötige, da dieses ja in ihm nachzuweisen sei, so wird man heute dem entgegenhalten, daß auch Tiere, die sich nur von Pflanzen ernähren, tierisches Eiweis produzieren, und zwar ebenso wie der Mensch, ohne etwa Fleisch zu sich nehmen zu müssen. Von der Schöpfung her ist der Mensch, der über keine Reiß- und Malmzähne verfügt, als Früchteesser konzipiert. Medizinische Untersuchungen haben festgestellt, daß Vegetarier weniger krankheitsanfällig sind und länger leben. Es spricht also nichts dafür, unsere Brüder und Schwestern der Tierwelt um unserer Ernährung oder Gesundheit willen zu töten, - jedoch spricht viel dagegen!

In einer spiritistischen Sitzung (''Trompeten-Séance'') in Amerika, an der ich teilnehmen durfte, meldete sich einmal der 1945 verstorbene Edgar Cayce. Jemand nahm die Gelegenheit wahr, um diesen wissensvollen Geist zu fragen, ob das Fleischessen für uns Menschen gut sei, wobei er sich etwa folgendermaßen äußerte: Wer Fleisch ißt, schadet sich selbst. Tiere spüren, wenn ihrem Leben eine Bedrohung naht und geraten dann begreiflicherweise in Angst. Diese steigert sich jedoch zur Panik, wenn sie zu einem Schlachthof befördert werden, denn sie riechen das Blut und hören die Schreie ihrer Artgenossen. In ihrer Todesangst erzeugen sie das auch im Menschen vorkommende Hormon Adrenalin, das sich bis zu ihrer endgültigen Tötung im ganzen Körper ausgebreitet hat, so daß praktisch jede Zelle von diesem verseucht ist. Dieses von dem "angsterzeugten" Adrenalin "vergiftete" Fleisch nimmt der Mensch zu sich. Es bewirkt in ihm Angst, Depression, Aggression und negative Gedanken.

Der russische Schriftsteller Leo Tolstoi mag an diese Aggression gedacht haben, wenn er sagte: Solange es Schlachthäuser gibt, wird es auch Schlachtfelder geben. - Ich glaube, wenn Tiere ebenso sprechen könnten wie wir, würden wir sicherlich eher auf sie hören, wenn sie uns anflehten: "Tötet uns nicht. Wir möchten ebensogern leben wir ihr." Doch weil sie stumm und wehrlos uns ausgeliefert sind, nehmen wir uns das Recht heraus, sie nach Bedarf zu töten, und verzehren sie "reinen" Gewissens. Vielleicht sollten wir uns alle einmal fragen: Sind wir denn vor Gott wirklich etwas Besseres als die Tiere? Hat er sie nicht ebenfalls wie uns geschaffen? Was gibt uns das Recht zu mutmaßen, daß er uns mehr liebt als sie? Sollte er uns allein darum vorziehen, weil wir mit der Vernunft begabt worden sind, während wir diese letztendlich dazu benutzt haben, uns an den Rand einer globalen Vernichtung zu führen? Verfügen nicht viele Tiere über außerordentliche Fähigkeiten, die den unsrigen in vielen überlegen sind? Man denke nur an die radarartigen Wellenemissionen der Fledermäuse oder an den Orientierungssinn der Brieftauben und Flugvögel. Sollte wirklich die den Menschen zuerteilte Verstandesfähigkeit ausreichen, ihn das Recht sich anmaßen zu lassen, nach Gutdünken über Leben und Tod anderer Geschöpfe Gottes zu befinden?

Viele von uns mögen eine Katze oder einen Hund besitzen und trotzdem Fleisch verzehren. Es wäre uns jedoch unvorstellbar, das Fleisch *unserer* Katze oder *unseres* Hundes zu essen, denn unsere Liebe zu ihnen und vor allem deren Liebe zu uns verbietet es, überhaupt solch einen Gedanken in Erwägung zu ziehen. Doch hätten wir das Kalb oder das Schwein, deren Fleisch uns gerade aufgetischt wird, gekannt und ein Bund der gegenseitigen Zuneigung entstehen lassen, wäre es uns wahrscheinlich unmöglich gewesen, genüßlich ihr Fleisch zu verzehren. Auch wenn wir die Tiere, die wir zu essen beabsichtigen, selber töten müßten, würde mancher zögern oder ganz auf Fleischnahrung verzichten. Ja, wir wehren uns oft gegen solche vegetarischen Apostel, ob sie nun Buddha, Pythagoras, Platon, Leonardo da Vinci, Wagner, Tolstoi oder Albert Schweitzer heißen mögen, welche uns durch ein zu veränderndes Bewußtsein den Geschmack verderben wollen. Denn solange ich etwas nicht weiß oder nicht wissen will, so lange kann ich meine Gewohnheiten beibehalten. Und daß Millionen Tiere täglich für unser sogenanntes leibliches Wohl ihr Leben opfern müssen, daran brauche ich ja nicht zu denken.

Wie schön ist es für viele von uns, einen Pelz zu tragen. Aber wenn man darüber erfährt, wie Millionen von Nerzen, Chinchillas, Füchsen usw. oft unter den unbarmherzigsten Bedingungen aufgezogen und gehalten werden, dann sträuben sich einem die Haare. In riesigen Tierzuchtfarmen - Konzentrationslagern ähnelnd - sind oft in kleinsten Ställen mehrere Tiere ein Leben lang eingepfercht, ohne nach einer Richtung mehr als drei Schritt gehen zu können. Der ''Fußboden'' besteht aus in die Zehen einschneidendem dünnem Maschendraht, damit auf jeden Fall der Kot noch dort durchfallen kann und somit das kostbare Fell nicht beschmutze. Zwischen den Zehen bilden sich Entzündungen, welche die Tiere oft wahnsinnig vor Schmerzen machen, haben sie doch ein dem unseren gleiches oder sogar noch ein gesteigerteres Schmerzempfinden als wir. Man läßt die Tiere bei strengster Kälte in ihren nur von Draht und Gitterstäben umkleideten Verhauen, damit das Fell besonders dick werde und dadurch ein hoher Verkaufspreis erzielt werden kann. Alles andere zählt nicht. Auf die schweigende Kreatur glaubt man keine Rücksichten nehmen zu müssen. Doch Tiere zittern und wimmern innerlich. Wenn die Pelzkäufer das alles wüßten, würden sie dann wohl aus Mitgefühl auf ihre Prestigewärme verzichten? Pelztiere werden oft grausamst vergast, damit kein Blut das Fell verunreinigen kann. Hitlers Auschwitz hat sich heute von den Menschen auf die Tiere übertragen, nur daß die Zahl der Leidtragenden immens gestiegen ist. Die Pelzträger mögen daran denken, daß all die Vibrationen der Angst und des Entsetzens der getöteten Tiere auch weiterhin im Fell mitschwingen und sich auf ihre neuen Träger ausbreiten und sie beeinträchtigen können.

Aber das größte, wenn auch stumme, jedoch darum nicht minder Schwingungen des Schmerzes ausstoßende Leid müssen die Versuchstiere in den Labors ungezählter Forschungstätten "zum Wohle der Menschheit" erdulden. Wenn man bedenkt, daß die meisten für den Verkauf zugelassenen Medikamente, Chemikalien und Schönheitsmittel an Hunderten und manchmal Tausenden von Tieren - meist Ratten, Meerschweinchen und Mäusen, aber oft auch Hasen, Hunden, Affen usw. - erprobt sein müssen, um die verschiedenen "erforderlichen" Reaktionen und Eventualitäten zu testen - wobei der Großteil der Tiere den Tod findet -, dann nimmt es nicht wunder, wenn die in der Bundesrepublik augenblickliche Stückzahl an benötigten Versuchstieren pro Jahr zehn Millionen übersteigt. Zumeist werden den gezüchteten Todeskandidaten die zu testenden Mittel eingespritzt, und zwar mit einer gewöhnlichen Nadel, die jedoch entsprechend der Körpergröße sich bei Kleintieren so auswirkt, als ob uns vergleichsweise eine Nadel von Fingerdicke eingestoßen würde.

Da der Mensch sich als etwas Besseres dünkt als das Tier, ist er diesem gegenüber überheblich. Sein Egoismus (unter dem Motto: Recht und gut ist, was mir, dem Menschen, nützt), seine mangelnde Liebe zum Tier, sein meist an Oberflächlichem haftenbleibendes Verstandesdenken und sein Stolz, die Krönung der Schöpfung zu sein, sind schuld am Leid von Millionen von Tieren. Ihre innerlichen Schreie, ihr Schmerz und ihr Leiden erzeugen negative Schwingungen in dieser Welt - ausgelöst durch die negativen Schwingungen der Menschen -, die wiederum auf den Menschen zurückschwingen und seine Negativität verstärken. Aus diesem Strudel der negativen Schwingungen können wir uns nur durch das Erzeugen positiver Schwingungen erretten. Würden keine Tiere mehr getötet, würde sich die Schwingung in der Welt "positiv" verändern. Auch die Bäume wie die ganze mitleidende Natur würden beglückt aufatmen.

Hinsichtlich unseres Verhaltens den Tieren gegenüber könnte man folgenden kathegorischen Imperativ postulieren:

**BEHANDELE EIN TIER SO,
ALS OB SEINE SEELE
EIN TEIL DEINER SEELE SEI.**

In Bonn lebt seit 1984 der aus der DDR "ausgebürgerte" Helmut Beyer. Er war der erste bekannt gewordene Kriegsdienstverweigerer seines Arbeiter- und Bauernstaates. Helmut Beyer ist ebenso ein Gegner aller Tierversuche und Schlachtungen, wie er Kriegsgegner ist. Seit Novemver 1985 befindet er

sich in einem Hungerstreik, indem er so lange außer Wasser, Tee, etwas Honig, einigen Mineralien und Vitamintabletten keine übrige Nahrung zu sich nehmen will, bis die Regierung in Bonn sich dazu entschließt, noch intensivere Schutzgesetze für die zumeist unnötig leidenden Tiere zu verabschieden. Ihm möchte ich an dieser Stelle im Namen aller Tiere danken, daß er es durch den Einsatz seines Lebens auf sich nimmt, auf seine dem Leid preisgegebenen Freunde aufmerksam zu machen.
Doch schließen möchte ich dieses Nachwort - in der Hoffnung, daß der Leser jetzt nicht verprellt ist - mit einem Zitat von Harold Sharp: "Ich sehne den Tag herbei, an dem Mitgefühl, Mitleid und Barmherzigkeit die vornehmsten Tugenden der Menschheit sein werden, an dem auch vom Jagen, Fallenstellen, Schießen und Vergiften nur noch gesprochen wird wie von Geschichten aus einem barbarischen Zeitalter."

128 Seiten, broschiert
€ [D] 10,90 / sFr 19,70
ISBN 3-931652-87-4

Gudrun Weerasinghe

Mit Tieren kommunizieren

Geschichte einer besonderen Begebenheit

Die Autorin macht deutlich, dass die Spiritualität unserer Tiere der der Menschen in nichts nachsteht. Im Gegenteil: Sie leben meist instinktiver, intensiver und in tieferer Verbindung zur spirituellen Welt als wir Menschen – denen der Verstand oft im Wege steht. Die telepathischen Übermittlungen eines Hundes zu seinen vergangenen und gegenwärtigen irdischen und spirituellen Erlebnissen sind Thema dieses Buches. Aus der Perspektive dieses Bewusstseins werden Themen wie Reinkarnation, Karma, Schutzwesen, Déja-vu-Empfindungen und die Farben der Aura erläutert.

128 Seiten, broschiert
€ [D] 4,90 / sFr 9,10
ISBN 3-923781-74-1

Gary Kowalski

Dein Tier – eine empfindsame Seele

Warum singen Vögel? Sind sich Tiere des Todes bewusst? Können Tiere lieben? Der Autor hilft, das Rätsel der Spiritualität unserer Tiere zu lösen. Tiere sind keine seelenlosen Objekte ohne Gefühl und Intellekt, sondern fühlende und teils denkende Wesen. Dieses Buches Stimme gibt uns Kraft, auch auszusprechen, was wir insgeheim denken – dass Tiere auch ihre menschlichen Gefährten lieben können, dass sie Kummer und Freude kennen, dass sie spielen wollen und schöpferisch sind – dass sie in der Tat unsere Brüder und Schwestern im Pelz, im Gefieder und im Schuppenkleid sind. Ein wichtiges Buch für jeden, der sich bewusst ist, daß unsere Welt für alle Wesen, die in ihr leben, erträglicher werden muss.

64 Seiten, broschiert
€ [D] 4,90 / sFr 9,10
ISBN 3-923781-87-3

Wladimir Lindenberg

Tiere offenbaren mir ihre Seele

Wenn die Kirche behauptet, Tiere hätten keine Seele, dann werden die LeserInnen dieses Buches eines Besseren belehrt. Der Dichter und Arzt Wladimir Lindenberg, der Zeit seines Lebens eine sehr enge Beziehung zu Tieren gehabt hat, erzählt von seinen Begegnungen mit seinen Freunden aus dem Tierreich, die ihm Einblick in ihre Seele gewährt haben.

156 Seiten, broschiert
€ [D] 10,90 / sFr 19,70
ISBN 3-923781-27-X

Anthony Borgia

Begegnungen in der unsichtbaren Welt

Der Autor beschreibt viele interessante Begegnungen mit teilweise bedeutenden Persönlichkeiten in der jenseitigen Welt. Es werden lehrreiche Erkenntnisse über das Leben in den unterschiedlichsten Dimensionen vermittelt, die sicherlich auch Ihr Verständnis vom Tod nachhaltig beeinflussen werden.
Dieses Buch nimmt uns die Angst vor dem Tod und lässt uns die Verbindungen zwischen der irdischen und jenseitigen Welt erkennen.

220 Seiten, broschiert
€ [D] 14,90 / sFr 26,80
ISBN 3-89845-020-1

Takis Evdokas

Der Tod, die große Illusion

Was passiert in den letzten Augenblicken vor dem Tod? Und was erleben wir danach? Gibt es tatsächlich eine ›andere Welt‹? Vieles ist über paradiesische Erfahrungen geschrieben worden, über die große Leuchtkraft des Lichts und über Farben von unsagbarer Schönheit. Man hört auch, viel seltener allerdings, von Erfahrungen mit der Hölle, von Feuerströmen, Schlangen und Ungeheuern. Gibt es nach dem Tod ein anderes Leben? Der Autor, Psychotherapeut, unternimmt hier den Versuch einer Antwort in dem wohl umfassendsten Überblick über wissenschaftliche Erkenntnisse aus der Psychologie und Psychiatrie. Faszinierende Nahtod- und Nachtoderlebnisse zeigen uns, was der Tod in Wirklichkeit ist: eine große Illusion.

216 Seiten, broschiert
€ [D] 14,90 / sFr 26,80
ISBN 3-89845-115-1

Arne Hoffmann

Lexikon des Jenseits

Die ersten Parapsychologen erklären die Existenz eines Jenseits inzwischen öffentlich für erwiesen, die ersten Skeptiker ändern ihr Weltbild. Das „Lexikon des Jenseits" stellt den momentanen Stand dieser spannenden und faszinierenden Forschung auch für Laien überschaubar dar. Dabei widmet es sich nicht nur den verschiedenen Gebieten wie Nahtod-Erfahrungen, Sterbebettvisionen, Medien und Erscheinungen, sondern erklärt auch, was sich hinter den gängigen parapsychologischen Fachbegriffen wie Ektoplasma, Materialisationen etc. verbirgt.